littéraires françaises

Approches textuelles des *Mémoires* de Saint-Simon

par Leo Spitzer et Jules Brody

er narr

jean·michel place

études littéraires françaises · 9

études littéraires françaises

collection dirigée
par
Wolfgang Leiner

avec la collaboration
de Jacqueline Leiner et d'Ernst Behler

Approches textuelles des *Mémoires* de Saint-Simon

par Leo Spitzer et Jules Brody

Préface d'Yves Coirault

en appendice :
Bibliographie critique des études consacrées
à Saint-Simon, 1958–1978
par Robert A. Picken

Gunter Narr Verlag · Tübingen
Editions Jean-Michel Place · Paris

CIP-Kurztitelaufnahme der Deutschen Bibliothek

Spitzer, Leo:
Approches textuelles des »Mémoires« de Saint-
Simon / par Leo Spitzer et Jules Brody. Pré-
face d'Yves Coirault. En appendice : Bibliographie
critique des études consacrées à Saint-Simon,
1958–1978 / par Robert A. Picken. – Tübingen :
Narr ; Paris : Place, 1980.
  (Etudes littéraires françaises ; 9)
  ISBN 3–87808–888–4

NE : Brody, Jules :

© 1980 · Gunter Narr Verlag · Tübingen

Druck : Müller + Bass · 7400 Tübingen · Hechinger Straße 25
ISBN 3–87808–888–4

Remerciements

L'on est extrêmement redevable au Professeur Wolfgang Spitzer pour la permission de faire paraître ici l'étude de son père. La Société Saint-Simon, par l'aimable entremise de son Directeur de la Publication, Monsieur Jean Dubu, nous autorise à réimprimer la traduction française du texte de Spitzer ainsi que la première en série des essais de Jules Brody; le second de ces essais est reproduit dans ce volume grâce au bienveillant concours du Professeur Roger Duchêne, Directeur du Centre Méridional de Recherche, et de la revue *Marseille.*

Préface

«Déterminer si l'œuvre est expressive, et ce qu'elle exprime»[1] ; manifester «la qualité différentielle de l'œuvre»[2]... Parmi les divers moyens de réaliser ces fins de la critique littéraire, la stylistique, en d'autres termes l'analyse objective, ou du moins infiniment contrôlée, nécessairement immanente à l'œuvre, des faits de style apparaît — surtout quand on a lu ces *Approches textuelles* — la plus élégante, la plus économique, la plus efficace des approches. «La forme emporte le fond»: l'adage des juristes, et de Saint-Simon, on aimerait en détourner le sens. Ne semble-t-il pas fait exprès pour la littérature, entendons par là les écrits dont une lecture n'épuise pas immédiatement la substance, les œuvres dont la qualité d'abord éclate et constamment surnage? S'ils ne furent pas, comme le croyait Chateaubriand, «écrits à la diable», du moins les *Mémoires* de Saint-Simon sont-ils de ces œuvres promises à «l'immortalité».

«Tout objet, tout dessein, tout serré, substantiel, au fait, au but».[3] Bel idéal pour le critique! Il faut bien avouer que depuis l'origine, c'est-à-dire depuis les premières éditions des *Mémoires,* l'on a plus souvent loué (ou blâmé) le style de Saint-Simon, qu'on n'en a scruté les profondeurs. En un domaine pourtant essentiel, dès qu'il s'agit de littérature, la critique saint-simoniste préfère ordinairement l'ombragé, ou le lyrisme, quelquefois le verbiage. Comme si le «style de feu» n'appelait que l'impression; comme si l'éblouissement exigeait que l'on admirât les yeux fermés.

Et cependant, de tous les auteurs français, Saint-Simon n'est-il pas le plus évidemment justiciable de la stylistique pure, ou le moins impure? Qu'il écrive ou non «à la diable», son écriture a des secrets que la tâche du critique est précisément d'éclairer. Il appartient en effet à celui-ci de pénétrer au cœur de la forme, afin de pénétrer au cœur de l'œuvre. Concentrée sur l'étoffe du discours et toujours «dressée sur le même point de vue»[4], une telle investigation rendra beaucoup plus qu'elle n'annonçait: «désossant» la composition, faisant «toucher du doigt» les enlacements, «développ[ant] l'implicite»[5], l'«habile» stylisticien ne manquera pas de manifester une forme, et conséquemment une vision: qu'il trouve un point d'appui, un détail, pour des yeux moins exercés presque inapparent, du «faire», il ne soulèvera pas l'univers saint-simonien, mais — «avec un accord exact et une force de levier»[6] — il en suggérera la cohérence et offrira la plus irréfutable des explications.

Après tant d'études consacrées au mémorialiste, serait-ce trop promettre? Les pionniers sont derrière nous, et parmi nous. La dette des saint-simonistes envers la critique italienne a été déjà signalée. Mais Corrado Fatta lui-même n'était-il pas débiteur des grands critiques allemands? Analysant certaines pages des *Mémoires* selon un propos plus ambitieux, à titre d'illustrations d'une méthode critique impliquant une philosophie de la création littéraire, ceux-ci projetèrent sur le mémorialiste, sur un *texte*, des lumières aussi «solides»[7] qu'inédites. Voici près d'un demi-siècle, un Spitzer, un Auerbach ne furent-ils pas mieux que les précurseurs d'un ... nouveau «saint-simonisme»? Avouons que, dans les prolégomènes historiques de l'un de nos ouvrages, l'absence de ces deux noms est fâcheuse. Elle ne suscita pas, et pour cause, une «prodigieuse révolte»[8]. Outre l'ignorance de la langue[9], notre

excuse sera qu'autour de 1960, leurs études consacrées au mémorialiste étaient to-
talement ignorées par les auteurs français de Bibliographies de la littérature française. Et par les spécialistes de Saint-Simon[10]. D'une telle méconnaissance, on ne saurait être très surpris. Depuis les vastes enquêtes effectuées au XIXème siècle à travers la littérature des Mémoires, la critique française restait en ce domaine plus ou
moins tributaire, allons jusqu'à dire: à la remorque de la science historique. Qu'il
s'appelât Bassompierre ou Mme de Motteville, Retz ou Saint-Simon, la personnalité du mémorialiste demeurait offusquée par ses Mémoires mêmes; et les Mémoires
étaient essentiellement tenus pour des documents, leur sémantique très exactement
confinée dans le plan référentiel: exploitables comme tout document, à condition
que l'on «s'arrach[ât] à l'optique de la source»[11]; à condition que le témoignage
fût d'abord évalué en termes de vérité (objective) et d'erreur, de sincérité et de
mensonge, et en quelque sorte vidé du témoin. Lourde hypothèque pour qui aurait
dû se soucier d'abord de littérarité! Ajoutons que, dans les années cinquante, la
vague de la «nouvelle critique», tardivement déferlant sur la République française
des Lettres, ne pouvait guère qu'effleurer le continent de la littérature mémorialis-
tique, assez inhospitalier pour des «littéraires» qui se voulaient dans le vent. Pourquoi Racine fut-il choisi? A d'autres de donner les raisons d'un tel choix!

Toujours est-il que, si la critique, selon la formule de Ramon Fernandez, doit être
«la vision d'une vision», nul écrivain, pas même La Bruyère, ne semblait mieux se
prêter que Saint-Simon à la quête spitzerienne de l'«étymologie» — structurelle,
spirituelle — de l'œuvre. Chercher dans le style même le détail révélateur d'une vision, n'est-ce pas imiter le «voyeur», celui qui si minutieusement «épluch[ait] à
part soi» les apparences, perçant méthodiquement les «enveloppes», «recueill[ant]
tout avec soin» et «le confér[ant] en soi-même avec d'autres connaissances», «pesant et compassant toutes choses»[12] en vue d'accéder à la vérité de l'être? A la
vérité de l'Autre...

Chez le mémorialiste, décrypteur d'un monde «la plupart si soigneusement mas-
qué»[13], chez le critique, désireux de parvenir à quelque centre vital, au foyer spirituel de l'univers des Mémoires, même postulat et même pratique: «tout est visible pour qui sait voir»[14]. Même conception totalitaire du paraître en tant que celui-ci, brillante surface du monde ou d'une peinture littéraire du monde, équivaut
à un système d'empreintes, à une combinatoire de signes. Même démarche totalisante de l'interprétation: confirmation d'une divination, le «cercle herméneutique»
ne se révèle-t-il pas l'analogue de la conquête saint-simonienne d'un savoir? Entre
le soupçon et la certitude, la curiosité va et vient: l'esprit de Saint-Simon ne cesse
de circuler entre le signe et le caractère — le psychogramme du stylisticien —,
entre la singularité du «monstre» et la vision panique du Mal, entre l'«enfer» de la
Cour et les harmonies, ou souvenirs d'harmonies, d'une idéologie et d'une croyance.

Pour emprunter à Sénèque sa métaphore, «le discours est la physionomie de l'âme».
Il appartient donc au critique de se faire le «physiognomiste» du discours. «La
Scarron devenue reine...»; du regard de Saint-Simon à son art, de cet art au regard
et à l'analyse de Jules Brody, s'accomplit la plus lumineuse des révélations. La neutralité même, «incolore», du raccourci accuse le total renversement d'un monde
jadis harmonieux, la «valorisation du néant». Comme négligemment jeté, ce «coup
de pinceau» signifie la totalité d'une peinture; le «monde à rebours des Mémoires»
s'exprime dans le laconisme vertigineux du symbole.

Que nous propose d'abord Jules Brody, sinon la vision d'une «vision d'une vision»? Il fait beau le voir commenter le commentaire spitzerien du portrait saint-simonien de Louis XIV, expliquer et corroborer par son annotation ce que l'analyse du Maître offre de plus original et de plus riche. Puis, prendre le relais, saisir à son tour le flambeau, non sans exposer, avec toute la vigueur d'un engagement, dans la parfaite lucidité d'un esprit qui se possède, les «raisons» (comme dit Gérard Genette) de sa «critique pure». Non plus selon Spitzer, mais selon Brody. Car cette critique est devenue sienne, dès lors qu'il l'a si délibérément adoptée, et si ardemment: en explicitant les principes (osera-t-on murmurer que, dans les essais spitzeriens, «palpitait» un reste de «bricolage»?), en multipliant les applications, en activant la vertu jusqu'à l'extrême de sa fécondité. «Les composantes de n'importe quel énoncé ne peuvent jamais être accidentelles» — et voici qu'est elle-même énoncée, laconiquement, superbement, sans nulle concession au hasard, à l'équivalence probable des énoncés possibles, à la contingence d'un choix qui, conscient ou non, ne serait plus un choix, la loi d'un rapport nécessaire entre signifiant et signifié, l'idée et sa formulation. Celle-ci, unique nécessaire, étant alors conçue comme inséparable de celle-là; l'«idée» étant elle-même liée à l'idéologie qu'exprime la totalité signifiante de l'œuvre.

Point de détail dans l'exécution! Tout signifie tout, renvoie à tout. Le microtexte éclaire le macrotexte, qui réciproquement allume, infuse, concentre en un minuscule énoncé la vérité et la plénitude du sens. Les mots les plus communs «de la tribu», le plus indéfini des pronoms, l'adverbe superlatif et superlativement banal, usé jusqu'à la corde (comme si l'abus annulait l'outrance intrinsèque du vocable peu à peu dévalué), paradoxalement reprennent sens dans la plus singulière des inflations. Rendue plus sensible par l'analyse intertextuelle, leur chaîne sous-courante atteste la profondeur d'une structure mentale, en d'autres termes son unicité. Plus que les images (dans les *Mémoires,* quelle profusion de métaphores!), l'«ossature» des éléments lexicaux les plus minces et abstraits, mais ponctuant à distance l'ample configuration de l'antithèse et de l'hyperbole, signale à la fois la cohérence d'un univers et le pouvoir déviant du génie: «Il s'agit de savoir si, dans le cas de Saint-Simon, ses emplois de *tout, rien, toujours, jamais,* etc., étudiés dans leurs rapports avec des constellations sémantiques contiguës ou chevauchantes, ne sont pas capables de livrer une expérience des *Mémoires* plus profonde que celle fournie par la somme de ses idées, affirmations, sentiments, etc., ou même par l'inventaire de ses procédés rhétoriques, de ses écarts stylistiques, et de ses images les plus visibles».

Une telle concentration du regard critique rend en effet manifeste, à travers le tissu stylistique, une connexité de reflets, comme exaltés par l'illumination du «flash». Dans le «caractère de Louis XIV» et le Tableau du règne, sous les enchevêtrements de l'Histoire et les ramifications de la forme, Léo Spitzer découvrait l'unité fondamentale d'un miroitement, la permanence d'un thème morpho-noétique (conformément à sa propre visée de stylisticien «idéaliste»), le «tableau plénier d'un homme vide» — non sans excessive extrapolation, me semble-t-il, non sans que s'évanouisse, par la puissance même de l'éclairage, certaine dimension au moins aussi profondément «spirituelle» du portrait, non sans accabler sous le réquisitoire de Saint-Simon la justice de Saint-Simon, rendant comme malgré lui-même, et certes moins visiblement, hommage à la «grandeur» d'un Roi comme à la splendeur des trois premiers quarts d'un règne dont les étrangers furent «justement éblouis».

A l'exemple de Spitzer, mais procédant par juxtapositions de «caractères» et multipliant la force convaincante de la démonstration, j'allais dire: de la «performance», par le recours à une stylistique en quelque sorte doublement comparative (introduisant peut-être dans l'orthodoxie spitzerienne un nuage de Sartre, un soupçon de Rousset[15], un zeste de Mauron...), Jules Brody «justement» éblouit son lecteur, le convertit à sa démarche, lui communique, sans prétendre rien imposer, une vue globale d'un monde d'artiste: sur «l'arrière-plan noir du Néant» se détachent de grandes figures symboliques (par la vertu d'une symbolique de l'écriture elles-mêmes «sortantes», fascinantes), que le peintre-historien, jouant des prestiges de son verbe, reproduit ou produit dans un mélange d'admiration, d'épouvante et de scandale.

Des textes ainsi passés au crible, de leur juxtaposition, de leur superposition émergent en effet des analogies qu'un premier regard — «lire, c'est avoir lu»[16] — ne percevait, s'il les percevait, que très confusément. Au-delà du «tic» d'expression[17], «constante lexicale» qui met d'ailleurs l'attention du critique en alerte, parmi les ricochets de la connotation et les lancinants retours des mots superlatifs que nous évoquions tout à l'heure (suractivés par leur «double force cumulative d'anaphore et d'hyperbole»), certains mots, et particulièrement les verbes, avec cette aura de continuité ou de permanence qu'y ajoutent les désinences temporelles ou modales (le participe, l'imparfait), semblent attirer par le magnétisme de leur champ toute la substance d'un contexte dont ils assurent la polarisation comme le rythme. Tout l'art de parvenir se résume dans le «ployant» d'Harcourt; la «mobilité appétitive» d'un Dubois est de son essence même, que suggère le grouillement d'une littéraire peinture; les «ondoiements philologiques souterrains» des «caractères» de Noailles font de lui «l'emblème du désordre et le principe du chaos». Villars est une variante de Vendôme; Vendôme une figure du plus «ténébreux» des Bâtards. Par leur «forme informe» et le «dynamisme totalisant» de leurs carrières, ces personnages, assez homogènes les uns aux autres («c'est comme si [...] nous retrouvions régulièrement le même individu») sont promus par le mémorialiste, et par le critique, en «paradigmes d'une caste et d'une société en proie à une dégénérescence identique». Contre ces avides Protées, contre le «déterminisme pervers» (soutenu de la «perversité caractérielle» d'un *Rex artifex*) qui ne cesse point d'assurer leur fortune, que peuvent les tristes héros de Saint-Simon, un Lorge, un Beauvillier, un Duc de Bourgogne, confinés et confits en leur «concentré» et leur roideur, sublimement figés dans la quasi-éternité de la «stase», comprimés, auto-réprimés dans l'«enfermerie» de leur forme et de leur être? Et Saint-Simon lui-même? Que pèse ce qu'il était, quand tout devient?

Au microscopique répond le «microcosmique»; au mot-clé le personnage-moteur, lequel, comme le «caractère», ou le passage furtif, presque clandestin, d'une expression annonçant «en son imperceptible»[18] la totalité du caractère, porte sa charge énorme de symboles. L'allégorie, le drame, une sociologie, une anthropologie, une «métaphysique» désespérée «de la qualité», une «téléologie en mal», une philosophie ou une mythologie de l'Histoire considérée comme une chute (sans le relatif optimisme de Jean-Jacques Rousseau), la nostalgie, si essentielle chez le duc et pair, de l'ordre qui devrait être immuable, tout le macrocosme saint-simonien, telle une fleur japonaise, immensément se déploie autour d'une divagation, d'un spasme de l'écriture, à l'intérieur même d'un détail lexicologique ou syntaxique. Recherche, par-delà les choses, — pour reprendre un mot de Braque — des «relations entre les choses». Merveilleuse combinaison, supposant une première (ou ultime?) intuition:

comme celui de Louis XIV – et de Saint-Simon –, l'art du critique est «de donner l'être à des riens»[19], d'ériger les signaux stylistiques en super-signes. De leur conférer, de leur rendre toute leur «effrayante valeur».[20]

Ce qui suppose un discernement exquis, et une âme, comme on disait autrefois, «de qualité». «Le style, c'est l'œuvre»[21]: la formule est belle, et la gageure. Afin d'exécuter une si brillante rapsodie saint-simoniste en trois mouvements, il fallait un «raffiné musicien», apte à pinc[er] mélodieusement deux cordes»[22]: la stylistique, et ... quelque plus suave et sublime chanterelle (car, ô blasphème! je ne suis pas très sûr que le Néant s'anime au son d'un «unique cordeau»). Et il fallait un esprit capable de descendre, sans s'y égarer, au labyrinthe de Saint-Simon.

N'est-il pas imprudent de citer, *in cauda*, une formule de T.S. Eliot? Son «sproposito» ne passera-t-il pas, aux yeux des fidèles, pour scandaleux, téméraire, hérétique et sentant l'hérésie? Au plus loin de la «démolition» et de la perfidie, l'incolore neutralité de l'humour exprimera-t-elle l'admiration la plus fervente? Saint-Simon lui-même ne haïssait pas la litote. Que l'ombre de Léo Spitzer, que l'esprit heureusement très présent de Jules Brody veuillent bien tenir la citation pour le plus sincère et pur des hommages! En critique littéraire, «il n'y a pas d'autre méthode que d'être très intelligent»[23]. Ionesco dira à peu près la même chose, autrement: puisque son objet est de saisir «l'essence d'une œuvre», «la médiocrité est plus dangereuse chez un critique que chez un écrivain»[24].

Il se trouve par bonheur que la médiocrité n'est pas le fort de Saint-Simon, ni de Spitzer, ni de Brody. Dans le domaine de la création littéraire, Jean Pommier n'était pas loin de croire aux causes finales. A chacun sa téléologie, sa théologie. Spitzer a rencontré Saint-Simon; Brody rencontre Saint-Simon et Spitzer. La conjonction est parlante. Admirable concert! Evidente, «transcendante», la prédestination!

Yves Coirault

Notes

1. Benedetto Croce, *Esthétique comme science de l'expression* [...] Trad. H. Bigot, Paris, V. Giard et E. Brière, 1904, p. 37–38. Ne résistons pas au plaisir de citer une autre phrase, que de modernes Brunetière pourraient utilement méditer: «Toute œuvre d'art vrai a violé un *genre* établi et dérangé les idées des critiques, qui ont été forcés d'*élargir* le genre; jusqu'à ce que le genre élargi soit devenu trop étroit par la naissance de nouvelles œuvres d'art, suivie de nouveaux scandales...»

2. Gaétan Picon, *L'Ecrivain et son ombre*, Gallimard, 1963, p. 270.

3. *Mém.* de Saint-Simon, Pléiade, III, 1179. Nos références renvoient toutes à cette édition (p. ex., IV, 225 = éd. de la Pléiade, par G. Truc, t. IV, p. 225).

4. IV, 994.

5. Cf. IV, 554; I, 497; II, 286; IV, 554.

6. III, 543.

7. Cf. IV, 1026: «une si vive et si solide lumière».

8. VII, 397.

9. L'ouvrage d'Auerbach, *Mimésis,* comportant une étude sur Saint-Simon, n'a paru en traduction française qu'après 1965. Quant à l'étude de Spitzer sur le Portrait de Louis XIV, on en trouvera la première traduction française dans le présent volume.

10. Il n'est pas impossible que J. de la Varende ait connu le texte de Spitzer. Certaines de ses formules le laisseraient penser — étant entendu que sa sympathie à l'égard du mémorialiste, grand seigneur et maître du «style grand seigneur» (comme disait Hugo), et la qualité de son esprit expliqueraient suffisamment certaines convergences dans le domaine critique. A notre connaissance, l'article (en allemand) de Spitzer fut signalé pour la première fois en Bibliographie saint-simonienne par M. Dirk Van der Cruysse dans son livre paru en 1971. Les travaux, plus récents, de M.D.J.H. Van Elden se situent pour une part dans la mouvance spitzerienne.

11. Nous empruntons l'expression à Paul Veyne, *Comment on écrit l'histoire*, Paris, Ed. du Seuil, 1971, p. 266. Lanson (autre ignorance de notre part) avait déjà mis «le doigt sur l'apostume»: «L'historien, pour employer un témoignage de Saint-Simon, s'applique à le rectifier, c'est-à-dire à en retrancher Saint-Simon; et nous, à en retrancher justement ce qui n'est pas Saint-Simon» (*Essais de méthode, de critique et d'histoire littéraire*, prés. par H. Peyre, Hachette, 1965, p. 35). Mais les critiques suivaient-ils Lanson? Quelle surprise aussi (nous ne dirons certes pas: quel dépit!...) de rencontrer sous la plume de Spitzer (de sa traductrice) le titre même de notre thèse! «L'optique de Saint-Simon est encore loin de la pensée historique du XVIIIème siècle [etc.] »

12. Cf. IV, 849; I, 497; II, 1015.

13. I, 10.

14. Jean Starobinski, «Léo Spitzer et la lecture stylistique», dans L. Spitzer, *Études de style*, Gallimard, 1970, p. 20.

15. Mais Jean Rousset lui-même ne propose-t-il pas une devise pour stylisticiens? «La vision est vécue dans la forme» (*Forme et significations*, J. Corti, 1962, p. IX).

16. L. Spitzer, *Études de style*, p. 68.

17. Dans son *Contre Sainte-Beuve*, Proust déjà proposait d'analyser les tics de l'écriture, dévoilant le moi profond de l'écrivain (distinct du moi qui laisse deviner l'existence de l'homme). Et que proposait Baudelaire, sinon une critique d'identification et la recherche de la métaphore révélatrice? Et Flaubert? ... Et Balzac? ...

18. «Des traits [...] qui s'énonçaient dans leur imperceptible» (IV, 715).

19. Louis XIV se félicitait lui-même d'être grand magicien: «C'est d'ailleurs un des plus visibles effets de notre puissance, que de donner quand il nous plaît un prix infini à ce qui de soi-même n'est rien» (*Mém. de Louis XIV*, pr. par J. Longnon, J. Tallandier, n. éd., 1978, p. 105).

20. IV, 248.

21. H. Meschonnic, *Pour la poétique;* cité dans P. Bouissac, «Analyse sémiologique et analyse littéraire», *Problèmes de l'analyse textuelle*, Didier, 1971, p. 59.

22. III, 1123 (il s'agit de Noailles).

23. Cité par E.R. Curtius, *Essais de littérature européenne*, Grasset, 1951, p. 289.

24. «Entretien avec Eugène Ionesco», par N. Zand, *Le Monde,* 27 février 1966.

Introduction

Les deux essais de mon cru qui se joignent, pour compléter ce volume, à l'étude magistrale de Léo Spitzer lui doivent et leur inspiration immédiate et leur facture éventuelle. L'intérêt que je portais à Saint-Simon prend toutefois ses origines primitives dans le dépaysement quelque peu émerveillé que j'avais ressenti il y a une quinzaine d'années en lisant les *Mémoires* pour la première fois *in extenso*. Ma perplexité face à cette écriture si particulière fut celle-là même que doit inspirer à tout lecteur de bonne foi, tant soit peu sensible aux ressources et aux effets du langage, un premier contact soutenu avec la prose de Montaigne, de Pascal, de La Rochefoucauld, de Proust ou de Giraudoux — je veux dire la perplexité causée par l'extrême difficulté que l'on éprouve à trouver à de tels auteurs une signification évidente, claire, juste, cohérente, qui, une fois formulée, ne risque pas d'entraîner à sa suite un cortège de concessions et de réserves aptes à convaincre l'interprétation que l'on voulait avancer de partialité, d'ambiguïté ou de faiblesse. Dans le cas surtout de ces auteurs maniérés, copieux, à la phrase dense ou diluviale, selon les cas, au point souvent de friser l'obscurité, il est pour le moins inquiétant de constater à quel prix le lecteur, avide de comprendre tel ou tel passage, veut bien payer les généralisations qu'il se fait fort d'en tirer. Il y a bien de quoi mettre en cause nos méthodes habituelles de lecture lorsqu'on considère tout ce vaste matériel verbal — la quantité de termes non mentionnés, de constructions, d'images, d'allusions non expliquées — que l'on est obligé de passer sous silence au cours d'un déchiffrement entrepris dans le modeste but d'établir la simple portée idéologique d'un texte même très court. En nous livrant, comme il semble inévitable de le faire, à nos paraphrases et à nos citations illustratives, nous avons bien l'impression d'élaguer une broussaille, de séparer le bon blé de l'ivraie, l'essentiel de l'accessoire, de rendre des auteurs volumineux et difficiles plus accessibles à nos collègues et à nos élèves. Et cependant, la fait est qu'en prêtant à un auteur une clarté, un sens ou un ordre qui n'est pas sien, nous sacrifions et censurons du coup la grande majorité des mots dont ses textes se trouvent être composés; à force de vouloir présenter la pensée d'un auteur sous un jour plus clair ou une forme plus nette, nous finissons par transformer, pour ne pas dire déformer, la manière et la démarche mêmes grâce auxquelles cette pensée avait pu se définir et se construire. Il est évident, en revanche, qu'en étoffant les paraphrases ou en multipliant les citations au-delà d'une certaine limite, on en vient finalement à reproduire le texte qu'on s'était proposé d'interpréter. Voilà par ailleurs le reproche implicite que comportent quelques-uns des clichés laudatifs de nos comptes-rendus critiques, tels: «bonne analyse, mise au point,» «synthèse utile,» «ouvrage sensé,» «riche en rapprochements,» etc. (= «n'ajoute rien à ce que sait déjà tout lecteur compétent et attentif»). Au départ de toute démarche explicative il s'agit de s'assurer — mais comment faire? — que le contenu sur lequel on centre son enquête est le bon et que les mots et les phrases dont on ne fait aucun état, comme étant moins dignes ou nettement indignes de commentaire, souffrent en effet d'être laissées en retrait.

Lorsqu'on réduit à son schéma logique un chapitre dans un livre d'économie politique ou qu'on récapitule la substance d'un article de journal l'on n'a pas l'impression de laisser un grand déchet. A l'encontre de la prose discursive normale, mais à l'instar de celle de Montaigne et de Pascal, l'écriture des *Mémoires,* en revanche, a ceci de naturellement et de profondément problématique: à force de les lire en essayant d'en dégager des informations, des opinions, des attitudes, une philosophie, un quelconque message uni et clair, l'on se voit obligé d'emblée à écarter de son champ de recherche tout ce que cette écriture exhibe, précisément, de particulier, de rare, de voyant: un débit désinvolte, torrentiel, redondant, toujours marginalement agrammatical, souvent d'apparence carrément chaotique. Saint-Simon nous affronte continuellement à un maniement du langage à ce point hétérodoxe qu'il menace à tout moment de détourner notre attention de la matière de son discours et de l'attacher à sa manière et à sa forme.

Le duc d'Antin, aux yeux de Saint-Simon, était un courtisan né:

> Personne n'avait ni plus d'agréments, de mémoire, de lumière, de connaissance des hommes et de chacun, d'art et de ménagement pour savoir les prendre, plaire, s'insinuer, et parler toutes sortes de langages; beaucoup de connaissances, et des talents sans nombre, qui le rendaient propre à tout, avec quelque lecture. Un corps robuste et qui sans peine fournissait à tout, répondait au génie, et, quoique peu à peu devenu fort gros, il ne lui refusait ni veilles ni fatigues. Brutal par tempérament, doux, poli par jugement, accueillant, empressé à plaire, jamais il ne lui arrivait de dire mal de personne. Il sacrifia tout à l'ambition et aux richesses, quoique prodigue, et fut le plus habile et le plus raffiné courtisan de son temps, comme le plus incompréhensiblement assidu: application sans relâche, fatigues incroyables pour se trouver partout à la fois, assiduité prodigieuse en tous lieux différents, soins sans nombre, vues en tout, et cent à la fois, adresses, souplesses, flatteries sans mesure, attention continuelle et à laquelle rien n'échappait, bassesses infinies, rien ne lui coûta, rien ne le rebuta vingt ans durant, sans aucun autre succès que la familiarité qu'usurpait sa gasconne impudence avec des gens que tout lui persuadait avec raison qu'il fallait violer quand on était à portée de le pouvoir (II, 869).

C'est en lisant des passages comme celui-ci, qui fourmillent par ailleurs dans les pages des *Mémoires,* en m'ouvrant à l'énergie et à la véhémence de leur mouvement, en percevant les bourdonnements phoniques et les martèlements sémantiques produits par leurs redondances, c'est en constatant avec quelle fréquence mon attention fut dominée, des fois monopolisée par un faisceau de constantes lexicales et formelles — les mots *tout, rien, toujours, jamais, prodigieux, souplesse, bassesse,* etc. — c'est en appréciant, bref, la primauté du langage chez Saint-Simon que j'ai compris l'insuffisance radicale de toute lecture uniquement idéologique de ses *Mémoires.*
J'ai compris alors que réduire la prose de Saint-Simon à un contenu, quelque philosophique, quelque noble, quelque émouvant qu'il puisse être en soi-même, revenait à opérer une véritable *réduction:* une diminution ruineuse de tout ce que possède son œuvre de plus distinctif et personnel. Et du coup il me parut impérieux de me frayer un accès au texte des *Mémoires* qui permît de récupérer l'immense déchet verbal et de remettre en valeur l'énorme surplus sémantique qu'une lecture idéologique m'aurait induit à censurer ou à exclure, et de faire de ce déchet récupéré et revalorisé le point de départ d'une lecture proprement philologique, c'est-à-dire une lecture axée non pas sur les propositions que contiennent les phrases et les paragraphes de Saint-Simon, mais sur les mots qui les composent.

Dans l'étude de Spitzer je découvris l'équivalent méthodologique de ce jugement prégnant porté par Jacques Mercanton sur le style de Saint-Simon: «un tel style est à lui seul une forme de pensée.» (1) D'emblée et à chaque page de cet extraordinaire travail je pus recueillir les éléments d'une stratégie de lecture qui permettait de respecter la totalité d'un portrait saint-simonien, même démesurément long, et d'intégrer dans une interprétation éventuelle de ce texte toute la gamme, sinon la somme, des mots, des énoncés, des répétitions et des tournures les plus caractéristiques de son écriture, mais qui à cause de leur banalité n'auraient jamais été retenus au cours d'une lecture discursive «normale».

Plus significative encore que sa façon d'aborder le problème posé par le portrait de Louis XIV est la manière dont Spitzer sut concevoir et formuler ce problème. Car il fut le premier — et jusqu'à une date toute récente le seul — à constater que le portrait saint-simonien, quelle que puisse être sa valeur comme document ou témoignage historique, était avant toute autre chose un texte *littéraire* (2). Spitzer fut aussi le premier à avoir su consentir à cette œuvre si souvent taxée d'incohérence, d'excentricité, et de partialité une grande consistance philosophico-religieuse, une vision profonde et soutenue de la psychologie humaine, une conception claire et mûre des forces de l'histoire et du rôle de la Providence — et tout cela à partir de la seule analyse de son langage. Se mettant de plain pied avec l'écriture de Saint-Simon, sans partis pris, sans quitter d'un pas les mots mêmes de son auteur, se limitant rigoureusement à l'inspection de ce qui se passait véritablement, objectivement, à l'intérieur de ses phrases et de ses paragraphes, Spitzer s'obstinait à considérer cette écriture non pas comme un moyen d'expression ou le véhicule de sentiments ou d'idées connus ou présumés, mais comme un événement linguistique, soumis à sa propre dynamique et générateur de son propre sens (3).

Comme toute démarche radicale, unie, simple, celle qui plaça Spitzer devant le texte des *Mémoires* relevait d'une conscience profonde quant à la complexité de l'entreprise qu'elle inaugurait. La «méthode» de Spitzer repose sur une double croyance: 1) que l'esprit et la signification d'une œuvre sont nécessairement enchâssés dans son langage; 2) que le critique, à force de scruter, de sonder, de palper tel texte peut isoler ce faisceau-là de particularités verbales qui confère à un style d'auteur ou d'époque sa marque individuelle. A l'encontre des divers structuralismes actuellement en vigueur, qui ambitionnent de réduire le contenu des textes à des structures, Spitzer peut-être plus ambitieusement encore, rêvait de réduire les structures des textes à un contenu, de révéler au sein de la plus insignifiante des formules d'un auteur, du plus incolore de ses procédés, du plus banal de ses clichés, des profondeurs psychologiques et morales insoupçonnées. A l'encontre des diverses stylistiques toujours en vigueur, ce n'est ni dans les «écarts» de Saint-Simon, ni dans ses néologismes, ni dans ses audaces rhétoriques, que Spitzer songeait situer sa véritable force signifiante; c'est bien plutôt dans ses «tics», dans ses redites — l'emploi redondant de la préposition *en,* la récurrence des expressions *de là, ce même, c'est-à-dire* — c'est dans des entités stylistiques quasiment microscopiques que Spitzer voyait encodé le sens même de l'entreprise saint-simonienne. Dans des énoncés les plus dénués, en apparence, de caractère, il prétendait déceler — quelle gageure! — les éléments de toute une *Weltanschauung*.

La vision du monde que Spitzer trouve inscrite dans le pli du discours de Saint-Simon n'est que l'extension d'une vision préalable de Louis XIV lui-même, envisagé sous son double aspect d'homme et de roi, de réalité et de symbole, d'existence physique et d'essence métaphysique. Le procédé de Spitzer est calqué sur la démarche même de Saint-Simon; au cours de sa lecture il tient son regard constamment braqué sur la relation antinomique qui informe chaque page du portrait de Louis XIV – relation entre ce roi tel qu'il fut et tel qu'il aurait dû être, entre ce prince en chair et en os et le principe de royauté qu'il incarnait – et qu'il trahissait. Tout l'effort de Spitzer se porte sur l'accumulation des évidences stylistiques qui démontrent l'ubiquité de ce dédoublement et qui en assurent l'expression. Fidèle à une conception de l'histoire simpliste, et pourtant cohérente et organique, Saint-Simon voyait Louis XIV comme un noyau qui devait engendrer tous les événements, tous les ostensibles accidents, toutes les guerres, les élévations et les disgrâces, les fortunes bonnes et mauvaises de ses sujets, les rares triomphes, les nombreuses catastrophes qui auraient fini, selon lui, par entraîner la France dans une ruine entière. La force annihilatrice dont Louis aurait porté en lui le germe, remonte à la co-existence en lui de ce que Spitzer appelle avec grande élégance une *Grossmannssucht* et un *Kleinmannsein:* le désir d'être grand côte à côte avec le fait d'être petit, la mégalomanie côte à côte avec la mesquinerie. C'est à partir de cette polarité primordiale que Spitzer fait défiler devant les yeux de son lecteur les composantes du portrait de Louis XIV et les présupposés philosophico-religieux qui avaient présidé à sa conception. Parmi les mots favoris de Spitzer, apparemment indispensables à son propos, figurent le verbe *entlarven* – «démasquer», «démolir», selon les cas – et ses dérivés: dans le vaste édifice que constitue le portrait saint-simonien, Spitzer veut nous faire voir, justement, une vaste entreprise de «démasquage» et de «démolition» – dans le sens historiquement riche où Paul Bénichou devait consacrer ce dernier terme. «Déconstruction» avant la lettre du langage de Saint-Simon, la lecture de Spitzer nous permet de suivre pas à pas les étapes successives dans la «démolition» que ce langage fut appelé à opérer et à dépeindre.

Ce qu'il y a de rafraîchissant, de vraiment séduisant dans le procédé de Spitzer c'est la manière dont il sait fondre sa perception de telle donnée objective du style de Saint-Simon dans des phrases d'une facture toute personnelle, phrases on ne peut plus suggestives, où abondent de savoureuses inventions, des alliances et juxtapositions verbales natives à la langue allemande, des phrases sinueuses, entortillées, parsemées de savantes parenthèses et de métaphores cocasses, surchargées d'allusions historiques, biographiques et littéraires précises ou implicites. Ce qui impressionne le lecteur de Spitzer c'est l'art, l'audace, l'infatigable énergie intellectuelle qu'il apporte à la reprise continuelle de ses propres aperçus qu'il renouvelle et élargit tantôt par une référence oblique au *divertissement* pascalien, tantôt par l'évocation des sombres accents de Bossuet; ici, Spitzer enrichit et poétise ses commentaires à force d'apparenter le désespoir saint-simonien au *desengaño* de la peinture renaissante espagnole; là, il traduit l'ambivalence de Saint-Simon envers son modèle en termes du rhythme pendulaire d'une dynamique baroque. Par son abondance, sa luxuriance, la multiplicité de ses recours et de ses formes, le discours critique de Spitzer, opérant une véritable osmose, en vient à s'ériger en une ré-écriture du texte qu'il s'était donné pour tâche d'éclairer.

A l'époque que nous vivons, férue comme elle l'est de théorie, de technicité, et de rigueur, il est de tradition de récuser chez Spitzer son approche volontairement «intuitive», son insistance sur le fameux «déclic», ce moment privilégié dans une lecture où «ça colle», où «ça se tasse», où l'analyste voit enfin clair dans son texte, où il voit le tout, comme disait Pascal, «d'un seul regard», «d'une vue» (4). Impressionnisme? Subjectivisme? Sans doute. Et pourtant, à qui n'est-il pas arrivé de relire machinalement, bêtement, pendant des années le même passage, le même poème ou le même alexandrin, rien que pour y constater un beau jour, comme par un don des dieux, un mot, une possibilité de rapprochement, un élément de structure qui, pour des raisons tout à fait brumeuses, ne s'était livré à notre emprise pendant aucune lecture précédente. «Déclic», «intuition», autant de manifestations ou de noms pour cet *esprit de finesse* dont même le plus rigoureux des scientifiques ne voudrait s'avouer dépourvu. Au cours d'une controverse d'ordre méthodologique avec Charles Bruneau, d'où les différences entre les stylistiques «françaises» et «allemandes» sortent en grand relief, Spitzer finit par laisser entendre que sa façon d'aborder le phénomène du style repose, *grosso modo,* moins sur la méthode qu'elle ne relève du talent (5). Il ne s'était jamais fait fort d'être un théoricien et il ne l'était effectivement point; il était, en revanche, un critique pratique dans une classe à part, un artisan, voire un artiste de l'exégèse textuelle dont on a le plaisir d'offrir au lecteur de ce volume un chef-d'œuvre, pour ainsi dire, inconnu (6).

Jules Brody

Notes

(1)   «Saint-Simon visionnaire,» *Labyrinthe* 1:18, 1945.

(2)   Cf. *infra,* p. 73, n. 1.

(3)   L'on doit à Jean Starobinski une appréciation à la fois sensée et sensible de l'œuvre de Spitzer: «La Stylistique et ses méthodes: Léo Spitzer, «*Critique,* 206: 579–597, juill. 1964. Cette étude fut reprise et développée sous le titre: «Léo Spitzer et la lecture stylistique» à l'occasion de la publication du recueil posthume: *Etudes de style,* Paris, Gallimard, 1970. Dans une riche note bibliographique (p. 42), Starobinski dénombre les principaux commentaires sur le rôle de Spitzer dans la critique européenne. On consultera aussi avec profit le bel essai de Claudio Scarpati, imprimé en tête de son recueil d'un choix des études de Spitzer sur la littérature italienne: «Leo Spitzer e le ragioni del testo,» *Studi italiani,* Milan, Vita e pensiero, 1976, pp. 7–38; les pages 17–20 situent les *Romanische Stil- und Literaturstudien* par rapport au développement de la stylistique spitzérienne.

(4)   Sur le «click», voir *Linguistics and Literary History: Essays in Stylistics,* Princeton University Press, 1948, p. 27 (= *Etudes de style,* p. 67). Jean Hytier fut l'un des premiers à critiquer le prétendu subjectivisme de Spitzer: «La Méthode de M. Léo Spitzer», *Romanic Review* 41: 42–59, 1950. Plus récemment Daniel Delas et Jacques Filliolet classaient la démarche spitzérienne parmi «les approches intersubjectives»: *Linguistique et poétique,* Paris, Larousse, 1973, pp. 21–24

(5)   Bruneau, «La stylistique,» *Romance Philology* 6: 1–17, 1951; Spitzer, «Les Théories de la stylistique,» *Le Français Moderne* 20: 160–168, 1952.

(6)   Les *Romanische Stil- und Literaturstudien* ne figurent pas, à titre d'exemple, dans les catalogues de la Bibliothèque Nationale.

Le Portrait de Louis XIV par Saint-Simon*

par Leo Spitzer

Traduit de l'allemand par Eva Marcu

I. CARACTERE ET HISTOIRE

«De ce tout il résulte qu'on admire et qu'on fuit.»

Le portrait de Louis XIV, qui remplit un volume entier (381 pages du tome 28 de l'édition des *Grands écrivains* de 1916), Boislisle, l'éditeur des *Mémoires*, l'appelle «toute cette longue digression sur le caractère, le règne et la vie journalière de Louis XIV» (p. 1, n. 1); cette digression elle-même constitue un élargissement des additions portées par Saint-Simon au *Journal de Dangeau* à la date du 13 août 1715, et qui couvrent dans le même volume 78 pages en petits caractères.

Rien que ces proportions indiquent déjà l'ampleur et le grossissement caractériels de ce personnage historique qui, s'enflant jusqu'à prendre des dimensions gigantesques, contient l'histoire en même temps qu'il l'engendre. Ce caractère fait penser à un immense entrepôt logeant sous sa voûte les faits historiques, voire à un espèce de cheval de Troie, qui recèle dans son ventre actions, événements et coutumes, et dont le squelette se laisse encore deviner même après qu'il est vidé de son contenu.

Il y a jusqu'au sommaire inscrit dans les marges du manuscrit de Saint-Simon qui montre à quel point le caractère du roi est conçu comme dominant tout le reste. C'est du caractère du roi que l'histoire du règne évolue; l'histoire est imbriquée dans le portrait. C'est à partir des traits de ce caractère que les actions historiques se déploient. Et l'art de l'historien consistera à comprimer les événements temporels vers le centre immuable du caractère, de les refouler dans ce qu'il a de précis et d'«imprimé». Le caractère est une force qui opère sans hâte, dans le silence, une «essence» d'où surgit le devenir de l'histoire. Comme le miel coule des alvéoles individuels d'une ruche, les événements historiques particuliers coulent des traits particuliers du caractère. A la tête du sommaire de Saint-Simon nous trouvons la mention: «Caractère de Louis XIV». Ce caractère avait été formé par Mme de La Vallière, mais aussitôt on apprend: «Le roi haït les sujets, est petit, dupe, gouverné, en se piquant de tout le contraire». Et ensuite, les faits: «L'Espagne cède la préséance... Guerre de Hollande; paix d'Aix-la-Chapelle; siècle florissant. Conquêtes en Hollande et de la Franche-Comté», etc. La fin de la première et celle de la seconde période du règne du roi sont ainsi désignées. Et puis, devant la troisième période, celle de l'apogée et de la déchéance, Saint-Simon approfondit son analyse psychologique (1): «Vertus de Louis XIV: sa misérable éducation; sa profonde ignorance; il haït la naissance et les dignités; séduit par ses ministres» — et dès lors il peut incorporer

* *Première publication:* «Saint-Simons Porträt Ludwigs XIV,» dans Léo Spitzer, *Romanische Stil- und Literaturstudien*, Marbourg, 1931, v. II, pp. 1–47 (= *Kölner Romanistischen Arbeiten*, v. II); en traduction française dans les *Cahiers Saint-Simon*, no. 7: 37–67, 1979.

dans la «ruche» du caractère tout le programme de conquête militaire du ministre Louvois et la guerre de succession espagnole jusqu'à la paix d'Utrecht: la haine de Louis XIV pour toute véritable grandeur et sa faiblesse face à des ministres ambitieux (2). On le voit: le développement historique se poursuit mais est constamment encadré dans les rayons de ce caractère-«ruche».

Voilà le roi au sommet de sa puissance: «Bonheur du Roi en tout genre. Autorité du Roi sans bornes; sa science de régner; sa politique sur le service, où il asservit tout et rend tout peuple» — et c'est de cette tendance égalisante, qui devait élever la personne du roi au-dessus de tous, que découlent les diverses actions accomplies sous son règne (3): l'introduction de l'ancienneté dans l'armée, «la cour pour toujours à la campagne», «Le Roi veut une grosse cour», «politique du plus grand luxe», Versailles, Marly, «amours du roi». Et de cette vie amoureuse, impudemment accrue par besoin de domination, c'est Mme de Maintenon qui émerge, enclave géante taillée dans l'enceinte du pouvoir louisquatorzien, celle dont l'influence historique s'étend au règne entier. Ainsi, Mme de Maintenon est incorporée dans le caractère de Louis XIV; de même, de nombreux faits historiques — la Révocation de l'Edit de Nantes, la fondation de Saint-Cyr, etc. — sont incorporés dans le «caractère» (*goût de direction, dévotion,* etc.) de Mme de Maintenon. Le portrait de la Maintenon est du reste construit sur le modèle de celui du roi; la *mécanique* de sa vie à elle aussi est décrite minutieusement; chez elle aussi on apprend les implications précises de sa façon de saluer les grands du royaume. Presque un quart du livre consacré à Louis XIV traite de l'enclave Maintenon, de la Maintenon comme excroissance maladive, comme cancer dans le caractère du roi, de son avilissement devant cette femme, mais dont il s'est relevé, à son grand avantage, au moment de sa mort. Avec la mort du roi l'élaboration de son caractère, les manifestations historiques des formes imprimées dans ce caractère auraient dû prendre fin. Et pourtant, Saint-Simon, qui fait évoluer de l'intérieur du caractère les faits extérieurs et les événements historiques, reconnaît encore un espace intermédiaire entre le caractère et ses manifestations; c'est l'espace circonscrit par les habitudes extérieures d'une personnalité, qui découlent du caractère (elles peuvent «caractériser les princes» [p. 331]), mais qui portent toute la matérialité d'un événement extérieur: «l'écorce extérieure de la vie de ce monarque» (p. 330), ce que Saint-Simon appelle ailleurs (pp. 219 et 243) «la mécanique des temps et des heures» (4). Et voilà qu'après la mort du roi nous entrons en possession de son horaire journalier, qui est aussi celui de la vie publique, mais cette fois-ci sans développement historique, agissant comme un espèce de sourd mécanisme qui prête toute sa solidité au caractère du roi, l'immobilisant, le confiant à l'éternité.

Le portrait historique de Saint-Simon est une tentative unique de comprimer le cours d'une vie dans le tableau d'une vie, d'expliquer le devenir par l'être et de faire triompher cet être — en tant que donnée autonome, composite mais compréhensible à la raison — de la complexité de l'histoire. Refus de céder devant l'informe et le désordre du devenir; rien ici que des *traits* de caractère clairement apprêtés, «traits» qui «tirent» après eux, qui «entraînent» des conséquences; aucun trait qui implique des pouvoirs dépassant l'humain. Ce qui reste pourtant prodigieux c'est cette personnalité-ballon, pleine à éclater, qui fait émaner d'elle-même us et coutumes, mais qui ne cesse pour autant de se tenir devant nous dans toute sa rebondissante plénitude. C'est comme si l'image saint-simonienne du roi avait été grossie et gonflée aux dépens de toute force historique sortant des limites de l'humain. A la base de l'art du portraitiste, l'on découvre une foi mystico-historique dans la portée, la plénitude, l'influence effective de la personnalité humaine (5). Le caractère pour Saint-Simon est comme une «impression» gravée par la personnalité, «impression» qui implique des contours précis, une grande perceptibilité et une vigoureuse expressivité. Une telle portraiture n'a que faire de l'informulé, du vague, du non-circonscrit. Mais la conception du caractère comme d'une chose monstrueusement gonflée exige un art particulier de la composition, une aptitude à tracer au burin toute la démesure, tous les renchérissements du personnage. On a donc tort de prétendre que Saint-Simon ne savait pas composer. Car il compose les différentes parties de son portrait suivant leur importance dans l'ensemble, ce qui explique la protubérance gigantesque que figure la Maintenon à côté de la page unique consacrée à la première maîtresse, Mme de La Vallière. Et dans l'excroissance-Maintenon, d'autre part, on trouve encapsulée la Révocation de l'Edit de Nantes.

Il est significatif que Saint-Simon organise un caractère de manière à ramener toutes ses particularités, ainsi que les faits et les événements qui en découlent, à un seul et même dénominateur, en sorte que la virtuosité du portraitiste consistera à dépister ce trait fondamental jusques dans les recoins du caractère les plus éloignés (cf. p. 126: «Il faut montrer les progrès en tous genres de la même conduite dressée sur le même point de vue»). Le trait fondamental de Louis XIV, c'est d'être «né avec un esprit au-dessous du médiocre» et d'être poussé à l'«orgueil» par cette disposition même; voilà pourquoi il craint «la noblesse... autant que l'esprit» (p. 29); voilà pourquoi il faut le flatter, pourquoi «les ministres, ses généraux, ses maîtresses, ses courtisans» (p. 30) exploitent à fond cette disposition; voilà la raison de la «superbe du roi, qui forme le colosse de ses ministres sur la ruine de la noblesse» (p. 30). Autre conséquence de sa petitesse d'esprit: il «se plut en toutes sortes de détails» (p. 38). Du plaisir qu'il prend aux détails, de l'élévation des ministres, de la joie qu'il ressent à sa propre grandeur, s'ensuit le nivellement du pouvoir des fonctionnaires de l'Etat: «il ne voulait de grandeur que par émanation de la sienne» (p. 43). De là s'ensuit aussi la «raison secrète de la préférence des gens de rien pour le ministère», ainsi que l'inaccessibilité du roi sauf par la voie hiérarchique, etc. On voit que c'est d'un fonds inné (*né, naturellement porté,* etc.) que découlent les particularités caractérielles (6). Le lecteur se trouve dans la même situation que le spectateur d'une tragédie racinienne, où les données du caractère produisent les conséquences les plus diverses aussi «naturellement» qu'un théorème mathématique: on assiste au déroulement d'un mécanisme, d'une suite logique inévitable. Mais tandis que l'auteur dramatique peut inventer *in abstracto* un caractère et ses dérivés logiques, c'est dans les manifestations concrètes de l'histoire que Saint-Simon voit le trait fondamental et ses conséquences. La tâche psychologique de l'historien revient à trouver dans la diversité de la matière historique ce trait-là qui réduise un tableau complexe à une seule ligne et qui ramène des éléments disparates à un même dénominateur; sa fonction consiste à créer de l'ordre au sein du désordre. Mais cet ordre, aussitôt créé, Saint-Simon le fait à nouveau perdre de vue, le détruit presque à force de vouloir bourrer sa vaste documentation concrète dans les rayons et les alvéoles de son portrait-ruche. Ainsi, un lecteur superficiel pourrait facilement en venir à ne voir que du désordre dans la méthode de Saint-Simon. En revanche, une tentative comme celle de Braunschvig dans sa *Littérature française étudiée dans les textes,* qui réduit le portrait du roi d'un volume entier à quelques pages, fait voir son organisation, sa composition, son unité et sa clarté; il lui échappe seulement son ampleur historique, son aspect touffu, rembourré − bref, la confusion et la multiplicité des formes sur lesquelles Saint-Simon avait érigé son ordre (7).

C'est la manière dont Saint-Simon organise un caractère, en concentrant des touches individuelles et des faits autour d'un seul trait central, qui confère à ses portraits leur forme déductive. D'où des tournures telles que *de là*, avec l'omission du verbe *(vint)*, qui pose en évidence ce processus «déductif» (8):

«De là [de son orgueil venait] ce désir de gloire qui l'arrachait par intervalles à l'amour; de là cette facilité à Louvois de l'engager en de grandes guerres... De là ce goût de revues, qu'il poussa si loin que ses ennemis l'appelaient le roi des revues» (p. 33).

«De là les secrétaires d'Etat et les ministres successivement à quitter le manteau, puis le rabat, après l'habit noir, ensuite l'uni, le simple, le modeste, enfin à s'habiller comme les gens de qualité; de là à en prendre les manières et puis les avantages, et par échelons admis à manger avec le Roi, et leurs femmes, d'abord sous des prétextes personnels, comme Mme Colbert longtemps avant Mme de Louvois, enfin, des années après elle, toutes, à titre de droit des places de leurs maris, manger et entrer dans les carosses, et n'être en rien différentes des femmes de la première qualité» (p. 40) — on voit indiquer d'un doigt désapprobateur les progrès graduels *(par échelons)* du nivellement et de la démocratisation.

«De là l'autorité personnelle et particulière des ministres montée au comble, jusqu'en ce qui ne regardait ni les ordres ni le service du Roi...; de là ce degré de puissance qu'ils usurpèrent; de là leurs richesses immenses, et leurs alliances qu'ils firent tous à leur choix» (p. 42).

«De là encore la jalousie si précautionnée des ministres, qui rendit le Roi si difficile à écouter tout autre qu'eux» (p. 42).

«De là [du principe d'ancienneté dans l'armée] tous les seigneurs dans la foule de tous les officiers de toute espèce; de là cette confusion que le Roi désirait; de là peu à peu cet oubli de tous, et, dans tous, de toute différence personnelle et d'origine» (p. 109).

On s'était engagé contre les adversaires de la Constitution dans la même voie de la cruauté que contre les Huguenots: «De là les artifices sans nombre pour intimider et gagner les évêques...; de là cette grêle immense et infatigable des lettres de cachet; de là cette butte avec les parlements; de là ces évocations sans nombre ni mesure...; de là cette inquisition...; de là, enfin, cet inépuisable pot au noir pour barbouiller qui on voulait...; de là ce monde innombrable de personnes... dans les mêmes épreuves que les chrétiens soutinrent sous les empereurs ariens» (p. 294). L'abondance des conséquences énumérées mène à une vision émue de désordre et de cruauté.

«De là cette autorité sans bornes qui put tout [ce] qu'elle voulut» (p. 104).

Ou bien les tournures comme *c'est ce qui* et autres:

«C'est ce qui donna tant d'autorité à ses ministres, par les occasions continuelles qu'ils avaient de l'encenser» (p. 31).

«C'est là ce qui le faisait se complaire à faire régner ses ministres sur les plus élevés de ses sujets... C'est aussi ce qui éloigna toujours du ministère tout homme qui pouvait y ajouter du sien» (p. 43).

«Il avait été fatigué de la supériorité d'esprit et de mérite de ses anciens ministres... Il voulait primer par l'esprit, par la conduite dans le cabinet et dans la guerre...

C'est ce qui le rendit si facile sur les survivances de secrétaire d'Etat... C'est ce qui fit que, lorsque les emplois de secrétaire d'Etat et ceux de ministre étaient à remplir, il ne consulta que son goût» (p. 91).

Ou bien l'introduction de quelque chose de neuf par un *ce même:*

«Ce même orgueil, que Louvois sut si bien manier, épuisa le royaume par des guerres et par des fortifications innombrables» (p. 53).

«Ce fut la même jalousie qui écrasa la marine dans un royaume flanqué des deux mers» (p. 55).

«On vient de voir celle [la politique de despotisme] qui divisa, qui humilia, qui confondit les plus grands... Il faut montrer les progrès en tous genres de la même conduite dressée sur le même point de vue» (p. 126).

Toutes ces tournures sont appelées à élaborer, à expliquer, à développer ce qui est inclus, impliqué, «enveloppé» dans la conception de base d'un caractère. Le caractère chez Saint-Simon est nanti d'un principe interne de contradiction. En lui-même Louis XIV est petit, mais il désire paraître grand (9). D'où résulte une dynamique baroque, un rythme pendulaire à l'intérieur du portrait, une oscillation entre la petitesse que Louis tâche de cacher et la grandeur qu'il n'arrive pas à simuler. Parvenu sur le trône, il n'est vraiment pas «parvenu», vraiment pas «arrivé». Constamment il lui faut lutter pour maintenir sa position. Le tableau est donc moins statique, moins serein que je ne l'ai laissé croire jusqu'ici. Ou mieux: le portrait est bien serein, mais non pas le «portraituré», lui qui s'efforce sans cesse de paraître autre qu'il n'est. Et, en conséquence, le portraitiste, de son côté, est sans cesse obligé de rectifier, d'arracher des masques.

L'organisation du caractère comme le développement logique (10) d'un seul trait de base aurait donné une image par trop statique, par trop sereine, si Saint-Simon n'avait pas écouté sa passion de la vérité et sa volonté de pénétrer jusqu'aux recoins les plus refoulés de l'être — s'il n'avait pas su ébranler la sérénité même de son portrait en le faisant vibrer sous le coup de son évaluation ou, plutôt, de sa dé-valuation, de sa démolition d'un idéal.

II. PEINTURE DE CARACTERE ET PANEGYRIQUE

Dans un portrait aussi hypertrophiquement développé on s'attendrait à ce que le caractère fût en quelque sorte exemplaire, au moins intéressant pour le portraitiste, digne d'imitation; on ne peint pas, sur presque 400 pages, une nullité. La phrase initiale surprend déjà: «Ce fut un prince à qui on ne peut refuser beaucoup de bon, même de grand, en qui on ne peut méconnaître plus de petit et de mauvais, duquel il n'est pas possible de discerner ce qui était de lui ou emprunté.» Et un peu plus loin: «Né avec un esprit au-dessous du médiocre, mais un esprit capable de se former, de se limer, de se raffiner, d'emprunter d'autrui sans imitation et sans gêne, il profitait infiniment d'avoir toute sa vie vécu avec les personnes qui toutes en savaient le plus» (p. 4).

De même au cours de l'ouvrage: «On l'a vu grand, riche, conquérant, arbitre de l'Europe, redouté, admiré, tant qu'ont duré les ministres et les capitaines qui ont véritablement mérité ce nom» (p. 100). Et le volume se termine par ce passage: «Quel sur-

prenant alliage! De la lumière avec les plus épaisses ténèbres... Quelle fin d'un règne si longuement admiré, et jusque dans ses derniers revers si étincelant de grandeur, de générosité, de courage et de force! et quel abîme de faiblesse, de misère,
de honte, d'anéantissement, sentie, goûtée, savourée, abhorrée, et toutefois subie
dans toute son étendue, et sans en avoir pu élargir ni soulager les liens! O Nabuchodonosor! Qui pourra sonder les jugements de Dieu, et qui osera ne pas s'anéantir
en leur présence? » (p. 305). Ce paragraphe a pour titre «Le Roi peu regretté». Un
prince, donc, au-dessous du médiocre, contenant plus d'ombre que de lumière qui,
admiré et craint au début, meurt sans qu'on le pleure! Il n'y a donc aucune commune mesure entre les dimensions du portrait, qui touchent à celles d'un panégyrique ou, à la rigueur, d'une apologie, et l'envergure de la personnalité. Point de héros, point de martyr — rien qu'un petit homme, jouet de l'histoire, tombé dans l'absurde, dépouillé par la Providence de son éclat extérieur. Le tableau plénier — d'un
homme vide. L'image affectueusement détaillée d'une nullité spirituelle. Et ce n'est
d'ailleurs pas par de progressives mises à nu que Saint-Simon nous permet d'avancer
vers cette nullité interne. Au contraire, il nous met en garde dès la première ligne.
Nous assistons, sans enthousiasme, sans grand espoir, à la démolition d'un personnage historique désigné comme «grand». Il est conduit jusqu'à son anéantissement devant Dieu dans ses derniers moments, mais le caractère est «anéanti» dès le début.
Le sens du mystérieux envoûtement d'une personnalité avoisine, chez Saint-Simon,
la révélation de la médiocrité morale de cette même personnalité. Le caractère digne
d'être décrit n'est pas encore obligé, dans ce monde conceptuel antérousseauiste —
le volume fut écrit en 1745! — d'être un génie original; le portrait n'a qu'à former
«un tout» uni. Au fond, l'attitude de Saint-Simon envers son roi est la même que
celle de Commines envers le sien: panégyrique-cum-démolition, éloge de l'éclat mondain de son roi côte à côte avec son anéantissement moral devant Dieu (11). Mais
ce qui chez le biographe de Louis XI est une ambivalence typique de la fin du Moyen-Age devient chez celui de Louis XIV le double visage du courtisan pagano-chrétien
baroque, tout aussi convaincu du pouvoir de cette personnalité que de sa nullité devant Dieu — c'est le double visage du météorologue de l'atmosphère de la cour qui
se sent une certaine affinité avec Bossuet. Ainsi, le panégyrique, l'oraison funèbre
prononcée à l'occasion de la mort de Louis XIV (et Saint-Simon oriente tout son
portrait vers l'année 1715) finit par démasquer un caractère cru grand par d'autres.
Nous n'aurons pas un portrait organique, dessiné, vécu de l'intérieur du personnage,
mais un portrait soumis à un jugement préalable, organisé selon des catégories morales extérieures et des critères transcendants (cf., p. ex., tout au début: *bon, grand*
et *petit, mauvais* [p. 1], mais aussi des phrases comme: «Quel surprenant alliage! De la
lumière avec les plus épaisses ténèbres!» [p. 305]). Le portraitiste compose son tableau de traits de caractère qui entraînent certaines conséquences, mais ces traits
sont puisés dans son expérience des autres hommes plutôt que dans le caractère «vécu» de Louis XIV. Pour un tel art de portraiture il faut un abîme de froideur et
d'éloignement entre artiste et modèle, réalisable uniquement grâce à cette observation de près que Saint-Simon cultivait et qu'il se complaît à évoquer: «Après avoir
exposé avec la vérité et la fidélité la plus exacte tout ce qui est venu à ma connaissance par moi-même, ou par ceux qui ont vu et manié les choses et les affaires pendant les vingt-deux dernières années de Louis XIV, et l'avoir montré tel qu'il a été,
sans aucune passion» (p. 330). Rien n'est moins approprié à cette portraiture que
l'image de l'arbre suggérée par la métaphore de *l'écorce extérieure de la vie de ce
monarque.* On n'entend pas murmurer la sève vitale de la personnalité du roi. Bien

plutôt, on voit clairement au préalable ce qui est «bon» et «mauvais» en lui, «grand» et «petit». Panégyrique et démolition alternent l'un avec l'autre; une atmosphère ambiguë créée par le fait que la démolition emprunte souvent la forme du panégyrique humaniste. Voilà ce qui explique ces brusques passages de l'éloge au blâme, qui sont déjà visibles dans la table des matières: «Vertus de Louis XIV; sa misérable éducation; sa profonde ignorance... Autorité du Roi dans bornes; sa science de régner; sa politique sur le service, où il asservit tout et rend tout peuple. Politique du plus grand luxe; son mauvais goût. Malheurs des dernières années du Roi; le rendent plus dur et non moins dupe. Adresse de Mansart. Malheurs du Roi dans sa famille et dans son intime domestique, et sa grandeur dans les revers de la fortune.»

Particulièrement remarquable est la manière dont Saint-Simon vide un éloge de son contenu à force de le faire suivre, dans la même phrase ou au plus tard dans la phrase suivante, par une observation qui la démolit. La phrase initiale, citée plus haut, est un bon exemple: «Ce fut un prince à qui on ne peut refuser beaucoup de bon, même de grand, en qui on ne peut méconnaître plus de petit et de mauvais etc.» Saint-Simon nous mène d'abord à *bon* et *grand* et ensuite, immédiatement, *à plus de petit et de mauvais,* et, de là, à l'impossibilité de discerner chez Louis XIV ce qui est de lui ou emprunté. A l'amoindrissement s'ajoute le refus de toute individualité (12). Pareillement, un peu plus loin: une maxime du roi «fut de gouverner par lui-même, qui fut la chose dont il se piqua le plus, dont on le loua et le flatta davantage, et qu'il exécuta le moins». Nous sommes guidés au sommet des hauteurs; ce sommet sera encore dépassé, contre toute vraisemblance (on loue le règne personnel encore plus qu'il ne s'en flatte lui-même), et à la fin nous sommes précipités dans le superlatif du négatif. Encore un exemple: «Il voulait régner par lui-même; sa jalousie là-dessus alla sans cesse jusqu'à la faiblesse. Il régna en effet dans le petit; dans le grand il ne put y atteindre et jusque dans le petit, il fut souvent gouverné» (p. 8). En un tour de main la force est tournée en faiblesse, et un roi fort devient un faible marchand de pacotille (13).

«*Jamais personne* ne donna de meilleure grâce et n'augmenta tant par là le prix de ses bienfaits: *jamais personne ne vendit* mieux ses paroles, son souris même, jusqu'à ses regards» (p. 143). Louis XIV est inégalé, lorsqu'il s'agit de mettre en valeur, de hausser le prix de ses présents et faveurs.

«*Jamais il ne lui échappa* de dire rien de désobligeant à personne, et, s'il avait à reprendre, à réprimander ou à corriger, ce qui était fort rare, c'était avec un air plus ou moins de bonté, presque jamais avec sécheresse, jamais en colère, si on excepte l'unique aventure de Courtenvaux... quoiqu'il ne fût pas exempt de colère, quelquefois avec un air de sévérité» (p. 145). L'impeccable et impassible façade idéale de Louis XIV est agrémentée, par des atténuations évidentes *(presque jamais, quelquefois avec un air),* par des renforcements qui sont plutôt des restrictions *(fort rare),* par une échelle mobile de valeurs *(plus ou moins de bonté),* par des exceptions *(si on excepte),* par des clauses concessives qui démentent les affirmations de la proposition principale *(quoique),* laissant ainsi rentrer par la porte de derrière ce qui avait été expulsé par la porte d'entrée.

«*Jamais homme* si naturellement poli (14), ni d'une politesse si fort mesurée, si fort par degrés, ni qui distinguât mieux l'âge, le mérite, le rang, et dans ses réponses, quand elles passaient le «Je verrai», et dans ses manières. Ces étages divers se marquaient exactement dans sa manière de saluer et de recevoir les révérences» (p. 145). Comment de tels calculs, de telles gradations et distinctions dans les formes de politesse sauraient-ils s'accorder avec une politesse «naturelle».?

«Il était *admirable* à recevoir différemment les saluts... Mais surtout pour les femmes rien n'était pareil. Jamais il n'a passé devant la moindre coiffe sans soulever son chapeau, je dis aux femmes de chambre» (p. 146). Le mot *coiffe* recèle une critique de cette *admirable* politesse.

«Il (15) aima en tout (16) la splendeur, la magnificence, la profusion. Ce goût il le tourna en maxime par politique, et l'inspira en tout à sa cour... Il y trouvait encore la satisfaction de son orgueil par une cour superbe en tout, et par une plus grande confusion qui anéantissait de plus en plus les distinctions naturelles. C'est une plaie qui, une fois introduite, est devenue le cancer intérieur qui ronge tous les particuliers» (p. 154). L'amour du faste — bel instinct princier en lui-même — devient maxime politique et une tumeur cancéreuse qui ronge les affaires publiques.

«Rien jusqu'à lui n'a jamais approché du nombre et de la magnificence de ses équipages de chasses et de toutes ses autres sortes d'équipages. Ses bâtiments, qui les pourrait nombrer! En même temps, qui n'en déplorera pas l'orgueil, le caprice, le mauvais goût!» (p. 156). Le début loue, la fin blâme. *Desinit in piscem.*

Exactement la même chose dans le portrait de la Maintenon:

C'était une femme de *beaucoup d'esprit,* que les *meilleures* compagnies, où elle avait d'abord été soufferte et dont bientôt elle fit le *plaisir* avaient *fort polie et ornée* de la science du monde, et que la galanterie avait *achevé* de tourner au *plus agréable.* ses divers états l'avaient rendue *flatteuse, insinuante, complaisante, cherchant toujours à plaire.* Le besoin d'intrigue, toutes celles qu'elle avait vues, en plus d'un genre, et *de beaucoup desquelles elle avait été, tant pour elle-même que pour en servir d'autres,* l'y avaient formée, et lui en avaient donné le goût, l'habitude et toutes les *adresses.* Une *grâce incomparable à tout,* un *air d'aisance,* et toutefois *de retenue* et *de respect,* qui par *sa longue bassesse* lui était devenu naturel, aidaient *merveilleusement* ses talents, avec un langage *doux, juste, en bons termes,* et naturellement *éloquent et court.* Son beau temps... avait été celui des *belles conversations,* de la *belle galanterie, en un mot de ce qu'on appelle les ruelles,* [et] lui en avait tellement donné l'esprit, qu'elle en retint toujours le goût et la plus forte teinture. *Le précieux et le guindé ajouté à l'air de ce temps-là,* qui en tenait un peu, s'était augmenté par *le vernis de l'importance* et s'accrut depuis par celui *de la dévotion,* qui devint le caractère principal, et qui fit semblant d'absorber tout le reste; il lui était capital pour se maintenir où il l'avait portée, et ne le fut pas moins, pour gouverner. Ce dernier point était son être; tout le reste y fut sacrifié sans réserve. *La droiture et la franchise étaient trop difficiles à accorder avec une telle vue,* et avec une telle fortune ensuite, pour imaginer qu'elle en retînt plus que *la parure.* Elle n'était pas aussi tellement fausse que ce fût son véritable *goût;* mais la nécessité lui en avait de longue main donné l'habitude, et sa *légèreté naturelle* la faisait paraître *au double de fausseté* plus qu'elle n'en avait. *Elle n'avait de suite en rien* que par contrainte et par force. Son goût était de *voltiger* en connaissances, et en amis, comme en amusements... Aisément engouée, elle l'était à l'excès; aussi facilement déprise, elle se dégoûtait de même, et l'un et l'autre très souvent sans cause ni raison. *L'abjection et la détresse* où elle avait si longtemps vécu lui avait *rétréci l'esprit, et avili le cœur et les sentiments. Elle pensait et sentait si fort en petit,* en toutes choses, qu'elle était toujours en effet *moins que Mme Scarron,* et qu'en tout et partout elle se retrouvait telle. *Rien n'était si rebutant que cette bassesse* jointe à une *situation si radieuse;* rien aussi n'était *à tout bien empêchement si dirimant,* comme *rien de si dangereux* que cette facilité à changer d'amitié et de confiance (p. 215).

Les traits positifs et négatifs dans ce portrait sont indiqués par des italiques; rien que cette différence typographique fait voir les hauts et les bas, le va-et-vient entre des impressions contraires. On ne saurait imaginer une portraiture plus perfide. Le peintre, c'est-à-dire, le vrai, le peintre-artiste, ne peut nous affronter à son tableau qu'en un seul temps, ce qui nous permet d'inspecter ce tableau en un seul temps aussi et de tenir compte de l'ensemble des qualités et des défauts d'un être humain. L'écrivain, en revanche, ayant affaire au langage qui se déroule dans le temps, peut faire entrer en ligne *l'un après l'autre* qualités et défauts et les organiser selon son plaisir, ou bien de la manière qui lui semble la plus opportune pour surprendre ou duper son lecteur. Saint-Simon laisse le venin de sa portraiture démolisseuse circuler furtivement parmi les roses de ses flatteuses remarques initiales. Nous voyons d'abord une mondaine merveilleuse, une virtuose de la sociabilité en pleine ascension, dans toute sa perfection *(d'abord avait été soufferte – achevé de tourner au plus agréable)*, et voilà que se présentent comme des «drawbacks» la duplicité et l'intrigue (17). Il est vrai que souvent elle n'avait fait qu'observer ces intrigues, que souvent elle ne s'y était mêlée que pour le compte d'autrui, mais elle n'en reste pas moins une intrigante consommée, dont la perfection mérite certes notre approbation esthétique (des mots comme *les adresses* sont quelque peu élogieux). Vue strictement de l'extérieur, l'intrigante mondaine semble l'image de la grâce et du tact, qui fait oublier ses humbles origines *(sa longue bassesse)*. Boislisle ajoute cette remarque critique au mot *importance: «La grâce incomparable, l'air d'aisance* (18), *le langage… juste , en bons termes et naturellement éloquent et court,* notés ci-dessus, ne se peuvent guère accorder avec *le précieux et le guindé».* Mais cette contradiction n'est que l'une de plusieurs dans ce portrait construit à partir de la contradiction même, de la contradiction systématique entre les traits de caractère individuels. Nous allons maintenant assister au développement de ce «style guindé», de ce maniérisme qui cache ses humbles origines – développement en direction de l'hypocrisie, d'une deuxième nature, empruntée, qui détruit toutes les autres composantes de son être *(tout le reste y fut sacrifié sans réserve).* Il est vrai que le reproche de fausseté est encore atténué – La Maintenon n'était peut-être pas fausse *natura,* mais seulement *positione!* Peut-être était-elle plutôt frivole que fausse. Mais cette frivolité, justement, est la marque indélébile d'une âme de basse origine et sans tradition, capable uniquement de «penser et de sentir en petit»: Mme de Maintenon n'a jamais cessé d'être Mme Scarron, et voilà la pierre d'achoppement que l'aristocrate haineux, que le duc et pair Saint-Simon ne put contourner. L'apparente élévation de la Maintenon n'était qu'une fiction. En réalité elle est restée *abjecte, basse* et donc *dangereuse.* Toutes les expressions élogieuses, superlatives *(au plus agréable, incomparable, merveilleusement,* etc.) s'envolent dans l'air lors de la démolition finale. Une fois de plus Saint-Simon fixe l'histoire d'une vie dans le cadre d'un portrait: ascension externe, descente interne. Ou mieux: la favorite restée-intérieurement-identique-à-elle-même (19). Mais tout en fixant ce caractère il en fait voir la dialectique interne; son personnage se décompose devant nos yeux, tombe en miettes, miné par ses contradictions. Saint-Simon livre les éléments constitutifs du caractère de la Maintenon à une guerre intestine entre sa roture d'une part, et son savoir-faire et sa position, de l'autre. Et il arrive à la fin à faire paraître ce qu'il y a de dangereux et de bestial dans un bas personnage haut placé, tout comme il avait cherché à montrer dans la non-grandeur de Louis «le Grand» la disparité entre un être et une destinée – disparité qu'il n'avait même pas tâché de ramener à une synthèse. Jamais encore on n'a décrit avec une objectivité si cruelle, une clairvoyance si pénétrante, le petit bourgeois monté sur le trône royal, gouvernant avec tout son ressentiment de bourgeois, avec sa fausse grandeur et sa vraie petitesse. Quel a dû être le tragique désespoir d'un

Saint-Simon, obligé de montrer son roi si complètement emprisonné, emprisonné dans sa petitesse, en vase clos, sans voie de libération ou de purification — occupé uniquement de l'apparence extérieure, absorbé dans le désir de paraître grand tout en étant petit — emprisonné dans la fatalité de la mégalomanie jointe à la mesquinerie!

Ce qu'il y a de déconcertant dans un tel portrait, c'est que Saint-Simon ne pense pas à procéder en ligne droite vers la démolition du caractère, mais que la dévalorisation morale et la condamnation spirituelle du personnage prennent source dans l'admiration et la louange. Ainsi, nous trouvons côte à côte le panégyrique et la mise à nu du caractère (20). Les compliments de Saint-Simon sont plus déroutants que ses reproches. Nous avons du mal à concevoir que l'estime puisse passer aussi brusquement au mépris, qu'un observateur impitoyable de l'humanité puisse trouver sur le bord même de l'abîme d'assez chaleureuses paroles d'approbation, que sa perspicacité, quoiqu'inspirée par la haine, ne paraisse pourtant pas sortir des bornes de la justesse — voilà ce qui pour nous autres aujourd'hui est si difficile à comprendre, pour nous en particulier qui ne croyons pas à la nécessité d'une union mystique entre un écrivain et la personne qu'il dépeint.

Regardant de plus près les valeurs que Saint-Simon met au crédit de son roi, nous découvrons qu'elles tiennent presque uniquement de la sociabilité, de la mondanité (exception faite de son appréciation du comportement religieux de Louis dans ses derniers moments) — bref, de la façade du personnage. Et pour nous, qui prenons plus au sérieux les valeurs purement humaines, le jugement moral porté par Saint-Simon est encore plus négatif que pour les contemporains du Roi-Soleil et de l'âge du rococo qui attachaient beaucoup plus de prix aux valeurs de la sociabilité. Cette sociabilité, qui permettait de vivre sur le bord de l'abîme et de dissimuler les sentiments les plus hostiles sous un vernis de politesse, peut produire en fin de compte une férocité toute spéciale, celle que Péguy découvrait, comme on le sait, dans le «tendre» Racine (21). Dans le portrait de Louis XIV les passages panégyriques *(jamais...)* se rapportent en général au comportement extérieur du roi. Les traits que nous attribuerions chez d'autres aux mouvements du cœur, ne sont chez Louis rien que des attitudes destinées à garder le décorum, par calcul et pour des raisons d'état; p. ex., le plaisir de donner, le goût du faste. Les «vertus de Louis XIV» sont externes, ses défauts internes. De même que Saint-Simon décrit «la tyrannisation de la nature» à Versailles («La violence qui y a été faite partout à la nature repousse et dégoûte malgré soi», «de ce tout il résulte qu'on admire et qu'on fuit» [p. 162]), de même il interroge le caractère de Louis en termes de son «naturel». Ce caractère est axé sur la polarité Art-Nature; derrière l'art superficiel de la façade on entrevoit à travers de rares interstices, la nature véritable. La tortueuse diction de Saint-Simon correspond à cette nature chichement mesurée qu'on n'aperçoit même pas tout d'abord. L'observateur de l'homme qu'est Saint-Simon est *per*-spic-*ax*, «sees through it», regarde derrière les enveloppes, les masques, les façades de ses personnages dont la dimension en profondeur ne consiste point en profondeurs psychiques mais en déguisements (22). Saint-Simon a parfaitement le sens de l'énigmatique d'une personnalité; même dans la mort la conduite du roi pose pour lui des énigmes: «Est-ce artifice? Est-ce tromperie? Est-ce dérision jusqu'en mourant? Quelle énigme à expliquer? » (p. 320). Et il l'explique. Son regard de psychologue se vrille dans la personnalité, mais rationnellement, comme celui d'un détective. Un Saint-Simon ne tient pas à revivre dans sa profondeur la vie psychique de Louis XIV, mais plutôt à «représenter ce monarque tel qu'il a véritablement été» (p. 100).

D'où ces renforcements par degrés lorsque Saint-Simon découvre un défaut. On croit voir le scalpel du chirurgien s'introduisant graduellement dans une plaie. Cf., plus haut, le portrait de la Maintenon qui nous prenait de plus en plus étroitement dans les filets de sa duplicité, ou ce qu'il dit au sujet de Louis XIV:

> Ses ministres, ses généraux, ses maîtresses, ses courtisans s'aperçurent, bientôt après qu'il fut le maître, de *son faible plutôt que de son goût pour la gloire.* Ils le louèrent à l'envi et le gâtèrent. *Les louanges, disons mieux la flatterie* lui plaisait à tel point, que *les plus grossières étaient bien reçues, les plus basses encore mieux savourées.* Ce n'était que par là qu'on s'approchait de lui... La *souplesse, la bassesse, l'air admirant, dépendant, rampant* (23), plus que tout l'air de néant sinon par lui, étaient les uniques voies de lui plaire... Ce poison ne fit que s'étendre. Il parvint *jusqu'à un comble incroyable* dans un prince qui n'était pas dépourvu d'esprit et qui avait de l'expérience (p. 30).

Ou bien la description de l'impuissance progressive de Louis:

> ... une conviction entière de son injustice et de son impuissance, témoignée de sa bouche, *c'est trop peu dire,* décochée par ses propos à ses bâtards, et toutefois un abandon à eux et à leur gouvernante devenue la sienne et celle de l'Etat, *et abandon si entier* qu'il ne lui permit pas de s'écarter d'un seul point de toutes leurs volontés: qui, presque content de s'être défendu en leur faisant sentir ses doutes et ses répugnances, leur immola tout, son Etat, sa famille, son unique rejeton, sa gloire, son honneur, sa raison, le mouvement intime de sa conscience, *enfin* sa personne, sa volonté, sa liberté, *et tout cela dans leur totalité entière,* sacrifice digne par son universalité d'être offert à Dieu seul, si par soi-même il n'eût pas été abominable (p. 305).

On devine le chemin de l'abîme, le saut dans l'obscurité, la volonté d'auto-destruction épousant un mouvement graduel vers le bas. Ailleurs, cette attirance de l'abîme — qui se manifeste ici dans le nivellement des différences de naissance — se fait sentir dans le rythme de la phrase: «Mais cette dignité, il ne la voulait que pour lui, et que par rapport à lui; et celle-là, *même* relative, il la sapa presque toute pour mieux achever de ruiner toute autre et de la mettre peu à peu, comme il fit, à l'unisson, en retranchant tant qu'il put toutes les cérémonies et les distinctions, dont il ne retint que l'ombre, et certaines trop marquées pour les détruire, en semant *même* dans celles-là des zizanies» (p. 105). Les deux *même* désignent les étapes du mouvement descendant.

Le passage suivant peint une apogée dont la pointe vise vers le bas:

> Piqué de n'oser égaler la nature, il approcha du moins ses bâtards des princes du sang par tout ce qu'il leur donna d'abord d'établissements et de rangs. Il tâcha *ensuite* de les confondre ensemble par des mariages inouïs, monstrueux, multipliés pour n'en faire qu'une seule et même famille. Le fils unique de son unique frère y fut *enfin* immolé aussi avec la plus ouverte violence. *Après,* devenue plus hardi à force de crans redoublés, il mit une égalité parfaite entre ses bâtards et les princes du sang. *Enfin, prêt de mourir,* il s'abandonna à leur en donner le nom et le droit de succéder à la couronne. *Ce ne fut pas tout...* Ses... dispositions... (p. 312).

On peut même montrer comment Saint-Simon — pareil à Proust — transforme sa phrase; par des interpolations successives elle devient toujours plus apte à rendre palpable l'attirance de l'abîme:

Première version: Saint-Germain, lieu unique pour rassembler les merveilles de la vue, l'immense plain-pied d'une forêt unique par sa situation et sa beauté, l'avantage et la facilité des eaux, les agréments des hauteurs et des terrasses et les charmes de la Seine, il l'abandonna pour Versailles, le plus ingrat de tous les lieux, sans bois, sans eaux, sans terre (presque tout y est sable mouvant ou marécage), sans air par conséquent, qui n'y peut être bon (p. 416).

Version définitive: Saint-Germain, lieu unique pour rassembler les merveilles de la vue, l'immense plain-pied d'une forêt toute joignante, unique encore par la beauté de ses arbres, de son terrain, de sa situation, l'avantage et la facilité des eaux de source sur cette élévation, les agréments admirables des jardins, des hauteurs et des terrasses, qui les unes sur les autres se pouvaient si aisément conduire dans toute l'étendue qu'on aurait voulu, les charmes et les commodités de la Seine, enfin une ville toute faite, et que sa position entretenait par elle-même, il l'abandonna pour Versailles, le plus triste et le plus ingrat de tous les lieux, sans vue, sans bois, sans eau, sans terre, parce que tout y est sable mouvant ou marécage, sans air par conséquent, qui n'y peut être bon (p. 159).

Le passage de Saint-Germain à Versailles, qui symbolise le déclin de la France sous Louis XIV, devient plus saisissant dans la seconde version par les interpolations qui renforcent les traits positifs de Saint-Germain. Il est significatif que ces traits positifs sont quantitativement plus marqués que les traits négatifs de Versaille: la chute du sommet est suffisamment peinte rien que par la description de ce sommet *(enfin une ville toute faite)* (24).

Ailleurs, on voit comment Saint-Simon rend compte des propos ou arguments d'une personne qui se pousse, qui s'insinue toujours plus avant. Dans le passage suivant on entend presque la Montespan ourdir ses plaintes contre la Maintenon:

Cette beauté impérieuse, accoutumée à dominer et à être adorée, ne pouvait résister au désespoir toujours présent de la décadence de son pouvoir, et ce qui la jetait hors de toute mesure, c'était de ne pouvoir se dissimuler *une rivale abjecte* à qui elle avait donné du pain, qui n'en avait encore que par elle, qui de plus lui devait cette affection qui devenait son bourreau, par l'avoir assez aimée pour n'avoir pu se résoudre à la chasser tant de fois que le Roi l'en avait pressée, *une rivale encore si au-dessous* d'elle en beauté, et plus âgée qu'elle de plusieurs années; sentir que c'était pour *cette suivante,* pour ne pas dire *servante,* que le Roi venait le plus chez elle, qu'il n'y cherchait qu'elle, qu'il ne pouvait dissimuler son malaise lorsqu'il ne l'y trouvait pas; et le plus souvent la quitter, elle, pour entretenir l'autre tête à tête; enfin avoir à tous moments besoin d'elle pour attirer le Roi, pour se raccomoder avec lui de leurs querelles, pour en obtenir des grâces qu'elles lui demandait (p. 208).

L'image du cancer dévorant surgit à l'esprit, pour ainsi dire, presque automatiquement; l'amour du faste du roi est décrit ainsi:

«C'est *une plaie* qui, une fois introduite, est devenu *le cancer intérieur* qui ronge tous les particuliers — parce que de la cour il s'est promptement communiqué à Paris et dans les provinces et les armées, où les gens en quelque place ne sont comptés qu'à proportion de leur table et de leur magnificence depuis cette malheureuse introduction — qui *ronge* tous les particuliers, qui force ceux d'un état à pouvoir voler à ne s'y pas épargner pour la plupart, dans la nécessité de soutenir leur dépense; et que la confusion des états, que l'orgueil, que jusqu'à la bienséance entretiennent, qui par la folie du gros va toujours en augmentant, dont les suites sont infinies, ne vont à rien moins qu'à la ruine et au renversement général» (p. 155).

Cette phrase reproduit le dévorant cancer: des *particuliers* elle avance au *général*, passe en revue certains états et tempéraments; enflée par une parenthèse, elle s'épanche comme un fleuve gigantesque et se divise en de nombreux ruisseaux qui encerclent le lecteur, mais qui attirent son regard vers l'infini *(infinies)*, pour l'acheminer finalement *à la ruine et au renversement général!*

On conçoit maintenant l'importance pour le portrait saint-simonien du grand arrière-plan noir du Néant qui représente toute grandeur terrestre devant Dieu. On ne sait même pas en lisant Saint-Simon si chez Louis mourant sa soumission devant Dieu est hypocrite ou sincère. C'est Dieu seul qui opère le final et véritable dévoilement de l'homme. C'est lui qui écrase les grands de cette terre, qui dévalorise toute valeur illusoire. Et dans la hiérarchie naturelle – si chère à Saint-Simon – le couronnement suprême de Dieu ne saurait faire défaut, de ce Dieu dont on ne peut projeter de portrait ambigu – comme on le peut pour les petits grands ou les grand petits en ce bas monde – de ce Dieu qui accuse le néant dans la superbe et qui rejette dans son néant César qui voudrait s'ériger en Dieu (25).

C'est donc avec grande raison qu'on doit déplorer avec larmes l'horreur d'une éducation uniquement dressée pour étouffer l'esprit et le cœur de ce prince, le poison abominable de la flatterie la plus insigne, qui le défia dans le sein même du christianisme, et la cruelle politique de ses ministres, qui l'enferma, et qui pour leur grandeur, leur puissance et leur fortune l'enivrèrent de son autorité, de sa grandeur, de sa gloire jusqu'à le corrompre, et à étouffer en lui, sinon toute la bonté, l'équité, le désir de connaître la vérité, que Dieu lui avait donné, au moins l'émoussèrent presque entièrement, et empêchèrent au moins sans cesse qu'il fît aucun usage de ces vertus, dont son royaume et lui-même furent les victimes. De ces sources étrangères et pestilentielles lui vint cet *orgueil,* que ce n'est point trop de dire que, sans la crainte du diable que Dieu lui laissa jusque dans ses plus grands désordres, il se serait fait adorer et aurait trouvé des adorateurs (p. 50).

Voilà où conduisit l'aveuglement des choix, *l'orgueil* de tout faire, la jalousie des anciens ministres et capitaines... enfin toute cette déplorable façon de gouverner qui précipita dans le plus évident péril d'une perte entière, et qui jeta dans le dernier désespoir (26) ce maître de la paix et de la guerre, ce distributeur des couronnes, ce châtieur des nations, ce conquérant, ce grand par excellence, cet homme immortel pour qui on épuisait le marbre et le bronze, pour qui tout était à bout d'encens.

Conduit ainsi jusqu'au dernier bord du précipice avec l'horrible loisir d'en reconnaître toute la profondeur, la toute-puissante main qui n'a posé que quelques grains de sable pour bornes aux plus furieux orages de la mer, arrêta tout d'un coup la dernière ruine de ce *roi si présomptueux et si superbe,* après lui avoir fait goûter à longs traits sa faiblesse, sa misère, *son néant* (p. 98).

La fortune, pour n'oser nommer ici la Providence, qui préparait *au plus superbe des rois* l'humiliation la plus profonde, la plus publique, la plus durable, la plus inouïe, fortifia de plus en plus son goût pour cette femme adroite et experte au métier [la Maintenon est désignée dans la providence divine pour abaisser le roi] (p. 206).

Quelle fin d'un règne si longuement admiré, et jusque dans ses derniers revers si étincelant de grandeur, de générosité, de courage et de force! et quel abîme de faiblesse, de misère, de honte, *d'anéantissement*, sentie, goûtée, savourée, abhorrée, et toutefois subie dans toute son étendue... *O Nabuchodonosor!* (27) qui pourra sonder les jugements de Dieu, et qui osera ne pas s'*anéantir* en leur présence? (p. 306).

Tel fut le repentir, la pénitence... et les derniers sentiments d'une âme si hautement pécheresse, prête à paraître devant Dieu, et, de plus, chargée d'un règne de cinquante-six ans le sien, dont *l'orgueil*, le luxe, les bâtiments, les profusions en tout genre et les guerres continuelles, et *la superbe* qui en fut la source et la nourriture, avait répandu tant de sang, consumé tant de milliards au dedans et au dehors, mis sans cesse le feu par toute l'Europe, confondu et anéanti tous les ordres, les règles, les lois les plus anciennes, et les plus sacrées de l'Etat, réduit le royaume à une misère irrémédiable et si éminemment près de sa totale perte qu'il ne fut préservé que par un miracle du Tout-Puissant. (p. 317).

Il était uniquement occupé de Dieu, de son salut, de *son néant*, jusqu'à lui être échappé quelquefois de dire: *Du temps que j'étais roi* (p. 318).

La duplicité du portrait terrestre est racheté par un regard porté sur la grande unité, le dépouillement qui se trouve au Ciel. De même que Tartuffe, devenu menace de la société, réclamait le roi comme antagoniste et rétablisseur de justice, de même le roi saint-simonien qui avait forcé le domaine de Dieu exige un *deus ex machina*. Ou peut-être le Dieu de Saint-Simon est-il plutôt un *deus ex natura*. La hiérarchie naturelle de la vraie grandeur trouve son point culminant en Dieu.

III. IMAGE ET DESCRIPTION

On aura compris, d'après ce qui a été dit dans la première partie de cette étude, pourquoi Saint-Simon ne saurait re-créer verbalement l'écoulement de l'histoire. La masse des événements se condense en effet à tout moment, formant, si on peut dire, des bassins séparés les uns des autres et produisant chacun un tableau particulier. Ou, pour changer d'image: Saint-Simon nous mène à tout moment à des points culminants, à des gloriettes, des belvédères qui permettent une vue à la ronde. Une fois de plus on pense au parc de Versailles dominé par l'homme, par le jardinier-paysagiste. A mainte reprise, la description s'arrondit en médaillon; le tableau historique s'égrène en une série de médaillons. Nous retenons ainsi une sucession de coupes transversales pratiquées dans la vie de Louis XIV, et qui possèdent toutes la même «rondeur» syntaxique. Partout sous la plume de Saint-Simon se trouvent des phrases qui nous affrontent à tout moment à des totalités. Constamment il reprend à neuf la construction d'un caractère et, à l'aide d'appositions et de précisions successives, le déploie dans la plénitude d'une peinture où l'art du post-posé rivalise avec celui du juxta-posé: «Dans ces derniers temps, abattu sous le poids d'une guerre fatale, soulagé de personne par l'incapacité de ses ministres et de ses généraux, en proie tout entier à un obscur et artificieux domestique, pénétré de douleur, non de ses fautes, qu'il ne connaissait ni ne voulait connaître, mais de son impuissance contre toute l'Europe réunie contre lui, réduit aux plus tristes extrémités pour ses finances et ses frontières, il n'eut de ressources qu'à se replier sur lui-même, et à appesantir sur sa famille, sur sa cour, sur les consciences, sur tout son malheureux royaume cette dure domination» (p. 296). Passage à comparer avec cet autre: «Déchiré au dedans par les catastrophes les plus intimes et les plus poignantes, sans consolation de personne, en proie à sa propre faiblesse; réduit à lutter seul contre les horreurs mille fois plus affreuses que ses plus sensibles malheurs...; incapable d'ailleurs... de faire aucune réflexion sur l'intérêt et la conduite de ses geôliers; au milieu de ces fers domestiques, cette constance, cette fermeté d'âme, cette égalité extérieure, ce soin toujours le même de tenir tant qu'il pouvait le timon, cette espérance contre toute espérance, par courage, par sagesse, non par aveuglement, ces dehors du même roi en toutes choses, c'est ce dont peu d'hommes auraient été capables; c'est ce qui aurait pu lui mériter le nom de *grand,* qui lui avait été si prématuré» (p. 301). Ce genre d'anacoluthe, *déchiré/cette constance,* qui distille de la personnalité un fonds psychique, est typique de Saint-Simon (28).

«Roi presque en naissant, étouffé par la politique d'une mère qui voulait gouverner, plus encore par le vif intérêt d'un pernicieux ministre, qui hasarda mille fois l'Etat pour son unique grandeur, et asservi sous ce joug tant que vécut ce premier ministre, c'est autant de retranché sur le règne de ce monarque» (p. 2). On dirait que Saint-Simon n'arrive pas à détourner la vue de ce non-grand «presque grand», «né pour la grandeur», qu'il est prisonnier du phénomène Louis XIV. En effet, ce portrait qui remplit un tome entier doit son existence à l'ensorcellement, plein de colère, que Saint-Simon éprouvait devant cette image du roi.

De là les «redites», les répétitions de ses propres remarques que Saint-Simon se permet si souvent (*comme on le verra ailleurs, comme on l'a déjà vu*) et se pardonne si souvent. A chaque page, il cherche à faire miroiter devant nos yeux la totalité d'un tableau; le fleuve du temps s'élargit en un bassin de retenue. Le mémorialiste prie le public de ne pas s'offusquer «s'il s'y en trouve de redites nécessaires pour mieux rassembler et former un tout» (p. 25). Son but est la conglomération, le compactage de la personnalité en un tout: il attribue les «redites» à son désir d'«expliquer assez en détail des curiosités que nous regrettons dans toutes les Histoires et dans presque tous les Mémoires des divers temps» (p. 276). L'anecdote est mise au service de la caractérisation.

La structure même de la phrase saint-simonienne — avec sa largeur, sa rondeur, sa chute énergique — est comme faite pour pêcher dans le courant du discours des médaillons historiques (v. mes remarques dans *Stilstudien,* v. II, pp. 483 ss.). Comme d'elles-mêmes, ces «phrases-médaillons» lui poussent sous la main. Parlant de la jeunesse de Louis et de ses premières amours, il dit que le roi aurait eu de la chance s'il n'avait eu que des maîtresses comme la La Vallière, et, immédiatement, il se présente un médaillon-La Vallière comme attribut grammatical de ce nom: «Heureux s'il n'eût que des maîtresses semblables à Mme de La Vallière, arrachée à elle-même par ses propres yeux, honteuse de l'être, encore plus des fruits de son amour, reconnus et élevés malgré elle, modeste, désintéressée, douce, bonne au dernier point, combattant sans cesse contre elle-même, victorieuse enfin de son désordre par les plus cruels effets de l'amour et de la jalousie, qui furent tout à la fois son tourment et sa ressource, qu'elle sut embrasser assez au milieu de ses douleurs pour s'arracher enfin (29), et se consacrer à la plus dure et la plus sainte pénitence» (p. 7). Toute l'histoire de cette vie de femme (de la maîtresse à la pénitente) est comprimée, compactée dans ce portrait-médaillon.

Sans cesse on trouve des phrases qui, bien que visant une situation particulière, donnent l'image de la personnalité entière, comme si Saint-Simon ne voulait dans aucune

action de détail, laisser perdre de vue le tout: «c'est ce que Louvois voulait, et qu'il
sut opérer. Tel fut l'aveuglement du Roi, telle fut l'adresse, la hardiesse, la formida-
dable autorité d'un ministre, le plus éminent pour les projets et pour les exécutions,
mais le plus funeste pour diriger en premier: qui, sans être premier ministre, abattit
tous les autres, sut mener le Roi où et comme il voulut, et devint en effet le maître» (p. 61). La clôture, la permanence, pour ainsi dire, d'un portrait à tel point
«compacté» paraît en quelque sorte s'opposer au courant de l'histoire, et nous sommes surpris d'apprendre par la suite au sujet de Louvois: «Il eut la joie de survivre
à Colbert et à Seignelay, ses ennemis et longtemps ses rivaux. *Elle fut de courte
durée*». Avec ce bout de phrase, l'image de la puissance durable semble détruite,
et l'effet du portrait est annulé (30). Voilà de ces antinomies irrésolues entre image
et description chez Saint-Simon.

Nous comprenons aussi qu'il soit obligé de recourir si souvent au *recommencement*,
à ce type de reprise des mêmes formules si connue dans l'épopée du Moyen Age.
Par un procédé de retouches, qui lui est particulier, il est amené à redire sans cesse
la même chose en empruntant une constante variation et multiplication de formes.
Ce procédé relève de l'impression où est Saint-Simon de ne s'être pas suffisamment
bien exprimé une première fois; il témoigne d'un inachèvement stylistique qui est
dans le fond peu français; le mémorialiste sent que son texte n'est jamais achevé et
qu'il lui faut le reprendre, le restyliser constamment. Qu'on compare les «tirades»
commençant avec *jamais* dans la description du caractère du Roi (ci-dessus, p. 25),
ou bien ces «laisses» décrivant les dernières années du règne qui commencent avec
telles: «Telles furent les dernières années de ce long règne de Louis XIV, si peu le
sien, si continuellement et successivement celui de quelques autres» (p. 296); «Telles furent les longues et cruelles circonstances des plus douloureux malheurs qui
éprouvèrent la constance du Roi» (p. 301). Ou encore trois recommencements avec
on: «On a vu avec quelle adresse elle [la Maintenon] se servit de la princesse des Ursins» (p. 282); «On ne répétera ce qu'on a vu pp. 776... sur Godet, évêque de
Chartres» (p. 285); «On a vu que Monsieur de Chartres était passionné sulpicien»
(p. 286).

Toujours imparfaites, impressionnistes, provisoires, capricieuses, Saint-Simon reprend
ses perceptions toujours à neuf dans une sorte de compactage linguistique; ses *recommencements* désignent un «marquer le pas» du langage. Il n'a cesse de graver de
petits médaillons sans jamais en arriver à parfaire le portrait «définitif»:

Prince heureux s'il en fut jamais, en figure unique, en force corporelle, en santé
égale et ferme, et presque jamais interrompue, en siècle si fécond et si libéral
pour lui en tous genres qu'il a pu en ce sens être comparé au siècle d'Auguste;
en sujets adorateurs prodiguant leurs biens, leur sang, leurs talents, la plupart jusqu'à leur réputation, quelques-uns même leur honneur, et beaucoup trop leur
conscience et leur religion, pour le servir, souvent même seulement pour lui plaire. Heureux surtout en famille, s'il n'en avait eu que de légitime; en mère conten-
te des respects et d'un certain crédit; en frère dont la vie anéantie par de déplo-
rables goûts, et d'ailleurs futile par elle-même, se noyait dans la bagatelle, se con-
tentait d'argent, se retenait par sa propre crainte et par celle de ses favoris, et
n'était guère moins bas courtisan que ceux qui voulaient faire leur fortune; une
épouse vertueuse, amoureuse de lui, infatigablement patiente, devenue véritablement française, d'ailleurs absolument incapable; un fils unique toute sa vie à la
lisière, qui à cinquante ans ne savait encore que gémir sous le poids de la contrain

te et du discrédit, qu'environné et éclairé de toutes parts, n'osait que ce qui lui était permis, et qui, absorbé dans la matière, ne pouvait causer la plus légère inquiétude; en petits-fils dont l'âge et l'exemple du père... rassuraient...; un neveu qui... tremblait devant lui...; descendant plus bas, des princes du sang de même trempe, à commencer par le grand Condé, devenu la frayeur et la bassesse même...; Monsieur le Prince son fils, le plus vil et le plus prostitué de tous les courtisans; Monsieur le Duc... hors de mesure de pouvoir se faire craindre...; des deux princes de Conti... l'aîné mort si tôt, l'autre mourant de peur de tout, accablé sous la haine du Roi...; les plus grands seigneurs lassés et ruinés...; leurs successeurs séparés, désunis, livrés à l'ignorance...; des parlements subjugués...; nul corps ensemble, et par laps de temps, presque personne qui osât même à part soi avoir aucun dessein...; enfin jusqu'à la division des familles les plus proches...; l'entière méconnaissance des parents et des parentés...; peu à peu tous les devoirs absorbés par un seul que la nécessité fit, qui fut de craindre et de tâcher à plaire (p. 100).

Cette coupe transversale pratiquée à travers la France entière se trouve dans un chapitre intitulé «Bonheur du Roi en tout genre». Le bonheur, mieux, le pseudo-bonheur du despote, consiste dans l'oppression de tous pouvoirs qui sauraient menacer le sien. Inutile de faire remarquer dans les dépendances et les précisions successives de Saint-Simon l'ironie qui scrute et qui démasque ce «bonheur»: *sujets adorateurs prodiguant... leur conscience et leur religion; heureux en frère dont la vie... se noyait dans la bagatelle; une épouse vertueuse... d'ailleurs absolument incapable.* Ce qui doit nous intéresser ici c'est la gradation du bonheur royal selon l'échelonnement hiérarchique à l'intérieur du royaume: Le «bonheur du Roi en tout genre», le bonheur vu à partir du roi, jamais à partir de l'état ou du peuple, se déverse du plus haut de l'échelle jusqu'en bas. Ce qui, vu d'en haut, a l'air d'un bonheur augustéen n'est, vu d'en bas, que dissolution de l'état, oppression et esclavage. Mais qu'importe, la vue d'en haut l'emporte dans cette France-là. Le *heureux en* est le fil conducteur syntaxique dans ce passage, tout comme le bonheur du roi dans tel ou tel rapport est le fait déterminant dans un état despotique. Rien que la tournure *heureux en famille... en mère... en frère* etc., au même titre que *heureux en santé*, sent le «régicentrique» (qu'on me passe ce calque sur «égocentrique»). Le bonheur physique du roi sous-tend le bonheur de toute la sphère qu'il domine: la famille, la cour, l'état entier y prennent part tout naturellement. On ne saurait mieux exprimer cette puissance du despotisme à tout résorber en lui-même que par cette minuscule préposition *en* (31), qui rapporte tout au fait d'une *heureuse* naissance, et qui additionne hommes et circonstances dans une même colonne de chiffres. Il est clair que Saint-Simon devait en venir à cette vision du monde en coupes transversales, hiérarchiquement échelonnées, par sa conviction quant à l'immobilité du caractère et son effet sur l'histoire, comme également, par sa défense de l'ordre naturel. Ce qu'il démontre toutefois c'est le sapement de l'ancien ordre par Louis XIV, travaillant toujours à bouleverser les divisions et échelonnements établis par l'ancien ordre. Les développements effectués sous son règne sont traduits par des participes passés comme des faits accomplis: *Les plus grands seigneurs lassés... leurs successeurs séparés... les parlements subjugués peu à peu, tous les devoirs absorbés...* Ou encore par des imparfaits peignant la durée: *en frère dont la vie... se noyait dans la bagatelle... un fils... qui à cinquante ans ne savait que gémir...* C'est la sérénité d'un siècle d'Auguste, bien que Saint-Simon nous ait mis en garde juste avant: «la décadence est arrivée à grands pas» (p. 100).

Le pendant à ce tableau du «bonheur du roi» est fourni à la fin du volume par le soulagement du peuple au moment de sa mort: «Le Roi peu regretté». Je ne le donne ici que sous forme squelettique:

Louis XIV ne fut regretté que de ses valets intérieurs, de peu d'autres gens, et des chefs de l'affaire de la Constitution. Son successeur n'en était pas en âge; Madame n'avait pour lui que de la crainte et de la bienséance; Mme la duchesse de Berry ne l'aimait pas, et comptait aller régner; M. le duc d'Orléans n'était pas payé pour le pleurer, et ceux qui l'étaient [les bâtards] n'en firent pas leur charge. Madame de Maintenon était excédée du Roi depuis la perte de la Dauphine; ... ainsi quoiqu'elle perdît en perdant le Roi, elle se sentit délivrée, et ne fut capable que de ce sentiment... On a vu jusqu'à quelle joie, à quelle barbare indécence le prochain point de vue de la toute-puissance jeta le duc du Maine. La tranquillité glacée de son frère ne s'en haussa ni baissa. Madame la Duchesse... n'avait plus besoin de l'appui du Roi... elle se trouva donc fort à son aise et en liberté... Mme la duchesse d'Orléans... [pleure et reste au lit quelques jours]. Pour les princes du sang, c'étaient des enfants. La duchesse de Ventadour et le maréchal de Villeroy donnèrent un peu la comédie, pas un autre n'en prit même la peine. Mais quelques vieux et plats courtisans... regrettèrent de n'avoir plus à se cuider... dans les raisonnements et l'amusement journalier d'une cour qui s'éteignait avec le Roi. Tout ce qui la composait était de deux sortes: les uns, en espérance de figurer, de se mêler, de s'introduire étaient ravis de voir finir un règne sous lequel il n'y avait rien pour eux à attendre; les autres fatigués d'un joug pesant, toujours accablant... étaient charmés de se trouver au large; tous, en général, d'être délivrés d'une gêne continuelle, et amoureux des nouveautés. Paris, las d'une dépendance qui avait tout assujetti, respira dans l'espoir de quelque liberté, et dans la joie de voir finir l'autorité de tant de gens qui en abusaient. Les provinces, au désespoir de leur ruine et de leur anéantissement, respirèrent et tressaillirent de joie, et les parlements de toute espèce de judicature anéantie par les édits et les évocations... se flatta [sic], les premiers de figurer, les autres de se trouver affranchis. Le peuple, ruiné, accablé, désespéré, rendit grâces à Dieu, avec un éclat scandaleux d'une délivrance dont ses plus ardents désirs ne doutaient plus. Les étrangers, ravis d'être enfin... défaits d'un monarque qui leur avait si longuement imposé la loi... se continrent avec plus de bienséance que les Français... Pour nos ministres et les intendants des provinces, les financiers, et ce qu'on peut appeler la canaille, ceux-là sentirent toute l'étendue de leur perte (pp. 375 ss.).

Voilà le tableau de la survie d'un homme qui en avait dominé tant d'autres — tableau que l'on peut résumer par les mots *omnis moriar*, tableau négatif de la gloire, le contraire d'une «gloire» de la Renaissance, et pourtant, grande comme un grand tableau historique (32): les figures historiques et les puissances individuelles dans l'adoration devant le Roi-Soleil; sauf qu'ici elles sont occupées à toute autre chose qu'à adorer! Ils se présentent les mains vides et ne s'agenouillent pas. Tout comme dans les grandes toiles historiques, les figures sont finement nuancées; et la virtuosité de Saint-Simon consiste à attribuer à chacune une attitude spécifique, en l'occurrence un deuil simulé, et à résumer un grand nombre d'attitudes psychologiques en une contenance d'ensemble: le «peu regretté». Nous avions remarqué plus haut que les traits individuels du caractère royal se concentraient dans une unité; ici, de même, les attitudes individuelles de ceux qui sont appelés à transmettre sa «gloire», se forment en une attitude d'ensemble de refus. Un moment de l'histoire est isolé, figé dans une grande sérénité artistique; dans l'immobilité de ce moment la tension, ou plutôt la détente apportée par la mort du roi fait voir les sentiments véritables de ses sujets. Une scène de «démasquage» en grand style. Tandis qu'ailleurs Saint-Simon affronte les modèles de ses portraits à la question du vrai et du faux, ici c'est l'histoire même qui lui donne la possibilité de rendre compte du climat moral du pays. Le dynamisme qu'ailleurs Saint-Simon est obligé d'infuser lui-même à la fixité de son portrait, ce dynamisne est ici fourni par l'histoire même. Voilà pourquoi il aime dépeindre ces «événements démasquants» et leurs effets multiples, donner des instantanés de moments historiques, comme celui de la mort du dauphin. Il se réjouit sans doute de la stricte ordonnance dans laquelle le peuple entier, hiérarchiquement échelonné, exprime son attitude envers le feu roi. Tout comme les personnages sur le théâtre médiéval, localisés dans leurs *mansiones,* déclament leur rôle de leurs places assignées, le défenseur moderne des castes médiévales fait que la cour, les états et le peuple, chacun «bien à sa place», prennent position face à la mort du roi. L'importance démesurée attribuée à ses mérites pendant sa vie est nivelée après sa mort: la *canaille* seule regrette son décès! L'unanimité de cette attitude nationale, facettée, diversement réfractée en des figures individuelles hiérarchiquement ordonnées, observe un principe d'ordonnance psychologique que Saint-Simon partage avec Molière et Racine, sauf que le mémorialiste donne à ses peintures historiques une plénitude de détails concrets et une largeur de cadre que ces dramaturges n'exhibent pas et qu'ils ne désirent pas exhiber. Ce qui donc anéantit le roi, au bout du compte, c'est le jugement du *peuple,* de ce peuple qui, dans le drame classique, n'a droit qu'à une place dans la coulisse, qui est présumé n'être que «latent». Et voilà que Saint-Simon, le défenseur de l'ordre médiéval se trouve être plus moderne qu'il ne le sait lui-même. De ces diverses *mansiones* médiévales se proclame – que c'est étrange chez cet aristocrate acharné – un esprit égalitaire. C'est un esprit de cruel, de malicieux plaisir qui ose enfin exprimer en toute liberté son ahurissement, qui ose soudainement avancer froidement, à coups nus. Voilà d'abord le froid calcul de la cour: *Madame n'avait pour lui que de la crainte et de la bienséance; Mme la duchesse de Berry ne l'aimait pas et comptait aller régner.* Plus loin nous descendons dans le peuple où l'ambiance est plus authentique, plus passionnée, plus pathétique, plus insoumise. Les courtisans ne sont que *fatigués d'un joug pesant,* ou *amoureux des nouveautés,* mais Paris est *las d'une dépendance,* les provinces au *désespoir,* la judicature se sent *anéantie,* le peuple est *ruiné, accablé, désespéré.* Dans chaque mansion domine une ambiance spécialement nuancée, réservée à elle seule, chaque figure a bien en main sa propre «tenue d'âme», si on peut dire. Un certain ordre contrôle tout ce qu'il y a d'incontrôlé chez ceux qui assistent au nivellement et à l'abaissement de Louis XIV, qui disent enfin *avec un éclat scandaleux:* Dieu merci! On dirait un espèce de Musée Grévin, peuplé de figures de cire en plein mouvement – un «jugement dernier» séculier exécuté selon un ordre rigide. A force d'immobiliser le devenir de l'histoire sur une scène à mansions ou dans une galerie de médaillons, l'optique de Saint-Simon est encore loin de la pensée historique du dix-huitième siècle et reste bien plus proche de la stabilité hiérarchique du dix-septième. Il rappelle la littérature baroque de la contre-réforme du dix-septième siècle espagnol qui chantait sous des formes magnifiques la décomposition, la pourriture, l'illusion, le néant. Comme les grands artistes espagnols du *desengaño,* il décrit la vie dans la splendeur de son néant – antithétiquement, polémiquement – plutôt que dans sa réalité où la beauté et la laideur sont mélangées. Dans ses structures stagnantes, il introduit un mouvement: celui de l'auto-destruction, du rongement des vers.

L'effet de son œuvre est ambigu et confus, mais il sous-tend un dynamisme: *admiration et révulsion tout ensemble*, ce que j'ai cherché à faire comprendre par l'épigraphe placé en tête de cet article: «de ce tout il résulte qu'on admire et qu'on fuit» (p. 162). L'on se rappellera qu'aux yeux de Boileau, Corneille allait au-delà de l'exigence aristolélicienne de la terreur et de la pitié pour exciter l'*admiration* (*Lettre à Perrault*, 1701); Saint-Simon aux antipodes de Corneille, allait au-delà de l'*admiration* pour laisser éclater directement l'indignation et le scandale (33).

Notes

(1) Remarquons que Saint-Simon consacre, précisément, la plus grande partie de son livre (pp. 25–381) à cette troisième période, en soulignant l'apogée et le glissement dans l'obscurité: «Le Troisième [âge] s'ouvrit par un comble de gloire et de prospérité inouïe. Le temps en fut momentané. Il enivra, et prépara d'étranges malheurs, dont l'issue a été une espèce de miracle» (p. 25). A la fin, il revient de nouveau à cette période mais en reprenant les mots du commencement: «Né avec un esprit au-dessous du médiocre, mais un esprit capable de se former» (p. 4) (après une excuse pour cette redite); «Il faut encore le dire. L'esprit du Roi était au-dessous du médiocre, mais très capable de se former» (p. 25) (il avait dit exactement la même chose du reste dans les additions au *Journal de Dangeau*).

(2) Le rattachement des faits historiques aux dispositions psychiques se reflète, sur le plan de la langue dans les sujets grammaticaux qu'il emploie dans ses phrases, et sur le plan psychologique dans la personnification des qualités mentales du roi: «*Ce même orgueil*, que Louvois sut si bien manier, épuisa le royaume par des guerres et par des fortifications innombrables» (p. 54); «*Ce fut la même jalousie* qui écrasa la marine dans un royaume flanqué des deux mers, parce qu'elle était florissante sous Colbert et son fils, et qui empêcha l'exécution du sage projet d'un port à la Hougue... *Cette même jalousie* de Louvois contre Colbert dégoûta le Roi des négociations» (p. 55); «*l'orgueil du roi* voulut étonner l'Europe par la montre de sa puissance... et s'étonna en effet. Telle fut la cause de ce fameux camp de Compiègne» (p. 87); «De là *cette autorité sans bornes* qui *put* tout [ce] qu'elle *voulut*, et qui trop souvent *voulut* tout ce qu'elle put, et qui ne trouva jamais la plus légère résistance» (p. 104); «*La faiblesse du Roi* pour plaire à Chamillart sur la Feuillade, son gendre... le fit tout d'un coup général d'armée, et lui confia le siège de Turin, c'est-à-dire la plus importante affaire de l'Etat» (p. 96); «*La même politique* continua le mystère de cet amour... *Le mystère* le fit durer» (p. 184). Ces personnifications sont probablement tirées du jargon précieux de l'amour. Cf. plus bas, n. 18.

Lorsque le caractère tombe sous l'influence du destin, Louis XIV se décompose en parcelles psychiques, mais en même temps la totalité englobante de sa personnalité et des événements est rétablie: «Mais bientôt après le Roi fut attaqué par des coups bien plus sensibles: *son cœur*, que lui-même avait comme ignoré jusqu'alors, par la perte de cette charmante Dauphine; *son repos*, par celle de l'incomparable Dauphin; *sa tranquillité* sur la succession à sa couronne, par la mort de l'héritier huit jours après...; *Tous* ces coups frappés rapidement, *tous* avant la paix, presque *tous* durant les plus terribles périls du royaume» (p. 300). Chacun des coups du destin agit, dirait-on, sur une facette psychique du roi. Il est curieux aussi de voir comment les détails historiques sont «bourrés» dans la représenta biologique du caractère; le fait historique est réduit au rang d'un exemple en petites lettres illustrant une thèse: «Il voulait régner par lui-même; sa jalousie là-dessus alla sans ces se jusqu'à la faiblesse. Il régna en effet dans le petit; dans le grand il ne put y atteindre, et jusque dans le petit il fut souvent gouverné. Son premier saisissement des rênes de l'em pire fut marqué au coin d'une extrême dureté et d'une extrême duperie. Fouquet fut le malheureux sur qui éclata la première; Colbert fut le ministre de l'autre, en saisissant seul toute l'autorité des finances, et lui faisant accroire qu'elle passait toute entre ses mains, par les signatures dont il l'accabla à la place de celles que faisait le surintendant, dont Colbert supprima la charge, à laquelle il ne pouvait aspirer» (p. 8). L'avènement au pouvoir n'est pas un fait autonome; au contraire, il est soumis à la loi de sa personnalité toute entière. Et les événements où Fouquet et Colbert jouent un rôle sont présentés dans la perspective des caractéristiques psychiques de Louis XIV: *extrême dureté-extrême duperie:* «C'est aussi ce qui éloigna toujours du ministère tout homme qui pouvait y ajouter du sien ce que le Roi ne pouvait ni détruire ni lui conserver... dont l'exemple du duc de Beauvillier fut l'exception unique dans tout le cours de son règne, comme il a été remarqué en parlant de ce duc, le seul homme noble qui ait été admis dans son conseil depuis la mort du cardinal Mazarin jusqu'à la sienne, c'est-à-dire pendant cinquante-quatre ans; car, outre ce qu'il y aurait à dire sur le maréchal de Villeroy, le peu de fois qu'il y a été depuis la mort du duc de Beauvillier jusqu'à celle du Roi ne peut pas être compté» (p. 44). Les événements ne font que donner lieu à la manifestation des particularités psychiques de Louis XIV: «Bientôt après, *la mort du roi d'Espagne fit saisir* à ce jeune prince avide de gloire *une occasion de guerre* (p. 9); «ce fut donc dans cette triste situation intérieure que *la fenêtre de Trianon* fit la guerre de 1688» (p. 56). Louvois, censuré à cause d'une fenêtre du Trianon construite sous sa surveillance, décide la guerre pour se rendre indispensable à Louis XIV.

Vu l'envergure du personnage et l'étendue des événements, il est d'ailleurs compréhensible que Saint-Simon fasse converger devant nos yeux les multiples courants tributaires qui se réunissent dans un seul fait ou qui forment la base d'une décision: «Plusieurs choses contribuèrent à tirer pour toujours la cour hors de Paris... Les troubles de la minorité... en avaient imprimé au Roi de l'aversion... il ne pouvait pardonner à Paris sa sortie fugitive de cette ville... L'embarras des maîtresses... n'eut pas peu de part à l'en éloigner. Il s'y trouvait importuné de la foule du peuple... Des inquiétudes aussi...; le goût de la promenade et de la chasse...; celui des bâtiments... ne lui en permettait pas l'amusement dans une ville...; enfin l'idée de se rendre plus vulnérable en se dérobant aux yeux de la multitude... toutes ces considérations fixèrent le Roi à Saint-Germain» (p. 126).

Les variations syntaxiques que se permet régulièrement Saint-Simon dans de tels cas (alternance de propositions principales et subordonnées) sont le miroir de la diversité de la réalité. Mentionnons encore, en contrepartie à la diversité des motifs d'une action, la diversité des effets qu'elle peut produire, d'où la phrase de plus d'une page et demie (p. 227 ss) sur les suites de la Révocation de l'Edit de Nantes.

Les éditeurs ont tort de rapporter à la cour le *tout ce qu'on a vu d'intérieur* des pp. 330–331 que Saint-Simon oppose à *l'écorce extérieure de la vie de ce monarque.* Il s'agit de la vie intérieure du roi, ce qui ressort clairement de la mention suivante du *dehors public*, qui présuppose un contraste avec le patrimoine intérieur du personnage. Cf. l'emploi du mot *intérieur* se référant au for intérieur du roi: «Louvois, qui était toujours bien informé de l'intérieur le plus intime, ... sut les manèges de Mme de Maintenon pour se faire déclarer et que la chose allait éclater» (p. 64). On trouve aussi le mot *écorce* appliqué à la vie extérieure: «le mystère de cet amour, qui ne le demeura que de nom, et tout au plus en très fine écorce» (p. 184); «discerner la vérité des apparences, le nécessaire de l'écorce» (p. 223); «cet attachement pharisaïque à l'extérieur de la loi et à l'écorce de la religion» (p. 325). On connaît le vers de Corneille: «Le peuple qui voit tout seulement par l'écorce.» L'Espagnol Gracián dit pareillement dans son *Criticon* (I, 11): «[el Galateo espagnol] no instruye sino en la cortesía material, no da más de una capa de personas, *una corteza de hombres*»; *éclater* signifie chez Saint-Simon (comme pour Racine – cf. mes *Romanische Stil- und Literaturstudien*, v. I, p. 156) «se faire connaître à l'extérieur»; cf. p. 214: «Bientôt après, elle [la faveur dont jouissait la Maintenon] éclata par l'appartement qui lui fut donné à Versailles.»

Exprimé ainsi: «Ce peu d'historique, eu égard à un règne si long et si rempli, est si lié au personnel du Roi qu'il ne se pouvait omettre pour bien représenter ce monarque tel qu'il a véritablement été» (p. 100). Ou, inversement: «Ce peu qui a été retracé du règne du feu Roi était nécessaire pour mieux faire entendre ce qu'on va dire de sa personne» (p. 24); cf. p. 271: «Ces choses, qui semblent des riens, et qui sont des riens en effet, caractérisent trop pour les omettre». Voilà déjà le discernement tainien de la puissance caractérisante des «petits faits», de l'importance de l'anecdotique pour l'histoire.

A plus d'une reprise, Saint-Simon souligne l'influence du caractère sur l'histoire, et il n'est pas loin de susciter un frisson historique avec son évocation pathétique de l'Europe: «[Le Tellier et Louvois] n'eurent pas de peine à mettre en tête au Roi une guerre nouvelle, dont les succès causèrent une telle frayeur à l'Europe, que la France ne l'en a pu remettre, et que, après y avoir pensé succomber longtemps depuis, elle en sentira le poids, et les malheurs» (p. 11). Louvois avait déclenché la guerre pour se rendre indispensable au roi: «Elle ruina la France au dedans, ne l'étendit point au dehors, malgré la prospérité de ses armes, et produisit au contraire des événements honteux» (p. 20). Louvois ne tolérait aucun rival près de lui: «Il n'en put recueillir le fruit; mais l'Etat en porta toute la peine, et de main en main la porte encore aujourd'hui» (p. 87). Cf. p. 111: «On a déjà vu les funestes obligations de la France à ce pernicieux ministre: des guerres sans mesure et sans fin pour se rendre nécessaire...; des troupes innombrables... qui ont dépeuplé le royaume; enfin la ruine des négotiations et de la marine, de notre commerce, de nos manufactures, de nos colonies, par la jalousie de Colbert... et le dessin trop bien exécuté de ruiner la France riche et florissante pour culbuter Colbert»; p. 175: «Leur scandale [des amours du Roi] a rempli l'Eruope, a confondu la France, a ébranlé l'Etat».

(6)   Il faut pourtant dire que Saint-Simon ne semble pas distinguer avec une entière clarté entre l'inné et l'acquis. Car, d'après lui, l'esprit du roi, qui de nature était au-dessous du médiocre, aurait été capable de se raffiner, n'eût-on pas négligé son éducation: «de ces sources étrangères et pestilentielles lui vient cet orgueil» (p. 50), où il y a lieu d'observer que les mots *étrangères et* ont été ajoutés plus tard! Cf. encore, p. 6: «Ce fut dans cet important et brillant tourbillon où le Roi se jeta d'abord, et où il prit cet air de politesse et de galanterie qu'il a toujours su conserver toute sa vie... On peut dire qu'il était *fait pour elle,* et que, au milieu de tous les autres hommes, sa taille, son port..., jusqu'au son de sa voix et à l'adresse et à la grâce *naturelle* et majestueuse de toute sa personne, le faisaient distinguer jusqu'à sa mort comme le roi des abeilles». Ainsi, les effets de l'éducation (*où il prit*) et les dons de la nature (*fait pour elle, naturelle*) se trouvent côte à côte, indifférenciés.

(7)   Cette ampleur se voit également dans la construction des phrases, qui est claire en elle-même mais qui devient embrouillée à cause du rembourrage, du capitonnage, et des prolongements nécessités par l'agencement de la matière historique. On sent la charge écrasante que la complexité de la matière accroche à la phrase essentiellement légère de Saint-Simon: «de là [de l'introduction de l'ancienneté dans l'avancement militaire] peu à peu cet oubli de tous, et, dans tous, de toute différence personnelle et d'origine, pour ne plus exister que dans cet état du service militaire devenu populaire, tout entier sous la main du Roi, beaucoup plus sous celle de son ministre, et même de ses commis, lequel ministre avait des occasions continuelles de préférer et de mortifier qui il voulait, dans le courant, et qui ne manquait pas d'en préparer avec adresse les moyens d'avancer ses protégés, malgré l'ordre du tableau, et d'en reculer de même ceux qu'on bon lui semblait» (p. 109). A partir de «lequel ministre» il y a prolongement de phrase. Cf. p. 212: «Bontemps, gouverneur de Versailles, premier valet de chambre en quartier et le plus confident des quatre, servit cette messe, où ce monarque et la Maintenon furent mariés, en présence d'Harlay, archevêque de Paris, comme diocésain, de Louvois, qui tous deux avaient, comme on l'a dit, tiré parole du Roi qu'il ne déclarerait jamais ce mariage, et de Montchevreuil uniquement en troisième, parent, ami, et du même nom de Mornay que Villarceaux, à qui autrefois il prêtait sa maison de Montchevreuil tous les étés, sans en bouger lui-même avec sa femme, où Villarceaux entretenait cette reine comme à Paris, et où il payait toute la dépense, parce que son cousin était fort pauvre, et qu'il avait honte de ce concubinage chez lui» (p. 212). Ici, Saint-Simon veut raconter la messe nocturne où le Père La Chaise maria le roi et la Maintenon. L'un des témoins, Montchevreuil, le fait penser à l'histoire d'une affaire de cœur obscure. La phrase *desinit in piscem,* pour ainsi dire, et supprime l'ordre chronologique pour éclairer un contraste mental: l'épouse du roi jadis concubine du témoin présent. La phrase fait pressentir les complexes parallélismes de Proust. Cf. p. 318 où l'historien se met à décrire les derniers moments du roi si soumis à Dieu: «Qui n'admirera une fin si supérieure, et en même temps si chrétienne? mais qui n'en frémira? Rien de plus simple ni de plus court que son adieu à sa famille, ni de plus humble... que son adieu aux courtisans... Ce qu'il dit au Roi futur a mérité d'être recueilli, mais affiché depuis avec trop de restes de flatteries, dont le maréchal de Villeroy donna l'exemple en le mettant à la ruelle de son lit, comme il avait toujours dans sa chambre à l'armée un portrait

du Roi tendu sous un dais, et comme il pleurait toujours vis-à-vis du Roi aux compliments que les prédicateurs lui faisaient en chaire». Des derniers mots du roi adressés au Dauphin, Saint-Simon passe à la mention de l'enregistrement de ces paroles par le maréchal Villeroy et de là à la conduite générale de courtisan de celui-ci: soudain ce n'est plus le roi mais Villeroy qui occupe le premier plan. Chez Saint-Simon on voit dominer, au-delà des rapports historiques, une interdépendance totale des phénomènes et des êtres — interdépendance que Proust élèvera en principe créateur.

(8)   Cf. ces passages de transition: «De ces sources étrangères et pestilentielles lui vint cet orgueil, que...; témoin entre autres ces monuments si outrés...; *et de cet orgueil tout le reste,* qui le perdit, dont on vient de voir tant d'effets funestes, et dont d'autres plus funestes encore se vont retrouver» (p. 50). Nous trouvons dans un des exemples cités ci-dessus — celui de la p. 40 — l'infinitif historique avec *à (de là à quitter le manteau),* comme souvent chez Saint-Simon: «De ce degré, Louvois sous divers prétextes, ôta les honneurs... à ceux à qui on ne les avait jamais disputés, *et à cesser d'écrire Monseigneur aux mêmes*» (p. 40); «Quand tout fut bien examiné, il [Louis] demanda au Nostre ce qui en était, et le Nostre à balbutier» (p. 19). Dans le cas de l'infinitif historique il s'agit d'une forme affective tout comme dans les énoncés du type: *mais avec cela jamais de mensonge* (v. plus loin à la note 14). J'ai déjà montré (*Zeitschrift für Romanische Philologie,* t. 50, p. 545) qu'en ce qui concerne les infinitifs avec *à* chez Saint-Simon, il s'agit d'une narration comportant un jugement du type: «quelque chose-de-suffisamment-avancé», «quelque chose-d'arrivé-jusqu'à-ce-point».

(9)   Ce contrôle constamment exercé sur soi-même aurait pu être décrit aussi bien comme un acte de discipline intérieure, comme une parfaite manifestation de ce jardinage à la française qui réalise le beau à force de moyens réduits, comme une sorte de colonisation, d'exploitation de soi-même. Une phrase comme la suivante montre, après tout, une maîtrise de la vie que seul un Proust sera encore capable de peindre: «Il sentait qu'il n'avait pas à beaucoup près assez de grâces à répandre pour faire un effet continuel. Il en substitua donc aux véritables d'idéales, par la jalousie, les petites préférences...; par son art...» (p. 132). Mais il importait à Saint-Simon de dénoncer les erreurs dues à l'inauthenticité. Et pourtant, pour parler des manifestations de ces erreurs, il va jusqu'à se servir du mot *création* «l'orgueil et la tendresse se réunirent en leur faveur [des bâtards]; le plaisir superbe de la création l'augmenta sans cesse, et fut sans cesse aiguillonné d'un regard de jalousie sur la naturelle indépendance de la grandeur des autres sans son concours» (p. 312).

(10)   A cette question de logique se rapportent les fréquents *quoique* et *pourtant,* qui examinent le caractère dans une perspective rationnelle, par rapport à sa cohérence interne, pesant les mots du portraitiste, contre-balançant ses exagérations. Voir, p. ex., ce qu'il dit d'une servante de la Maintenon: «S'en servait qui pouvait pour de l'argent, *quoique,* au fond, elle se mêlât de fort peu de chose. Elle était très raisonnablement sotte, et n'était méchante que rarement, *et encore* par bêtise, *quoique* ce fût une personne toute composée, toute sur le merveilleux, et qui ne se montrait presque jamais. On en a *pourtant* vu un échantillon à propos de la place qu'eut la duchesse du Lude» (p. 275).

(11)   Cf. en particulier l'accord entre Saint-Simon: «Ce monarque si altier gémissait dans ses fers, lui qui avait tenu toute l'Europe.» (p. 306) (cf. p. 307: «au milieu de ses fers domestiques», «la conduite de ses geôliers») et Commines: «Est-il possible de tenir ung roy, pour le garder plus honnestement, en plus estroicte prison que luy mesmes se tenoit? » (*Extraits des chroniques français du Moyen Age,* p. 413).

(12)   Cf. la version élargie de la même opinion: «L'esprit du Roi était au-dessous du médiocre, mais très capable de se former. Il aima la gloire: il voulut l'ordre et la règle. Il était né sage, modéré, secret, maître de ses mouvements et de sa langue; le croira-t-on? Il était né bon et juste, et Dieu lui en avait donné assez pour être un bon roi, et peut-être même un assez grand roi. Tout le mal lui vint d'ailleurs [de son éducation]» (p. 25). Une abondance de qualités honorables qui vont en se dépassant — Dieu lui-même avait favorisé le roi — et puis le voilà rabattu de cette hauteur où il est né.

(13)   Une forme particulièrement perfide de ce passage du positif au négatif est le type fréquent d'un *heureux si* + clause conditionnelle qui fait éclore devant notre esprit un bonheur possible, rien que pour le soustraire à Tantale. Le roi était comme fait pour l'amour: «Heureux s'il n'eût eu que des maîtresses semblables à Mme de La Vallière» (p. 7) — mais

hélas! Louis avait d'autres maîtresses moins honnêtes, et la béatitude (*Heureux*!) tourne en proscription. Cf. p. 24: «D'autres sortes de malheurs accompagnèrent et conduisirent le roi au tombeau, heureux s'il n'eût survécu que de peu de mois l'avènement de son petit-fils à la totalité de la monarchie d'Espagne» (p. 24). Louis s'humilie devant Dieu *in articulo mortis:* «Heureux si, en adorant la main qui le frappait, en recevant ses coups avec une dignité qui honorait sa soumission d'une manière si singulièrement illustre, il eût porté les yeux sur des motifs et palpables et encore réparables, et qui frappaient tous autres que les siens, au lieu qu'il ne considéra que ceux qui n'avaient plus de remèdes que l'aveu, la douleur, l'inutile repentir!» (p. 304). Lorsque Saint-Simon découvre un abus il démolit d'une manière un peu plus ouverte à l'aide d'un *tel* ou d'un *voilà:* «Tels furent les derniers soins du Roi, telles les dernières actions de sa prévoyance, tels les derniers coups de sa puissance... Voilà au moins de quoi la mémoire du Roi ne peut-être lavée devant Dieu ni devant les hommes. Voilà le dernier abîme où le conduisirent la superbe et la faiblesse» (p. 316).

(14) *Jamais* appartient au vocabulaire qui traduit l'aspect «totalisant» du portrait (dont il se-ra parlé dans la section suivante), comme le *tout* de la note 16. La forme syntaxique de l'exclamation (à l'origine probablement *Jamais homme si naturellement poli...*!) ajoute à la portraiture quelque chaleur, la chaleur de la langue parlée; cette tournure est courante chez Saint-Simon: «Ce dernier talent, il le poussa souvent jusqu'à la fausseté, mais avec cela *jamais de mensonges*» (p. 141); «Rien n'était pareil à lui aux revues, aux fêtes, et partout où un air de galanterie pouvait avoir lieu par la présence des dames. On l'a dé-jà dit, il avait puisé à la cour de la Reine sa mère...; la compagnie de ses maîtresses l'y avait accoutumé de plus en plus; mais toujours majestueuse, quelque fois avec de la gaieté, et *jamais devant le monde rien de déplacé*» (p. 150); «Toute la France était rem-plie d'horreur et de confusion, et *jamais tant de* triomphes de joie, *jamais tant de* profu-sion de louanges» (p. 230).

(15) Qu'on remarque l'anaphore du *il* répété qui reproduit le caractère de Louis dans toute sa grandeur et étendue, y compris, malgré la diversité, sa monotone unité: «Il aimait fort l'air et les exercices... Il avait excellé à la danse, au mail, à la paume. Il était encore ad-mirable à cheval... Il aimait à voir faire toutes ces choses qui n'étaient point nécessaires, il ne s'en fallait pas mêler si on ne les faisait bien. Il aimait fort à tirer... Il voulait des chiennes couchantes excellentes; il en avait toujours... Il aimait fort aussi à courre le cerf... Il était seul dans une manière de soufflet, tiré par quatre petits chevaux» (p. 152 s); Cf. p. 180: «Elle [Madame de Fontevrault] y [à l'esprit et à la beauté] joignait un sa-voir...: elle savait bien la théologie...; elle était versée dans l'Ecriture; elle possédait les langues savantes; elle parlait à enlever... Elle excellait en tous genres d'écrire. Elle avait un don tout particulier pour le gouvernement». Le *on* répété avec insistance s'insinue, se vrille, pour ainsi dire, dans le roi: «On voulut lui plaire... On lui peignit les Huguenots avec les plus noires couleurs... On lui voila avec tant de soin ce que l'Evangile... On toucha un dévôt... On saisit l'orgueil d'un roi... on le détermina» (p. 224).

(16) Qu'on remarque dans ce *pan*-égyrique ces *tout* généralisants (et leur contraire: *jamais, rien*) qui expriment la perfection dans tous les domaines, comme on le faisait pendant la Renaissance, mais qui pourraient aussi bien prendre leur origine dans les louanges adres-sées à Dieu. Particulièrement frappantes sont les répétitions du *tout* dans les passages comme celui-ci: «[une galanterie] *toujours* majestueuse... et jamais devant le monde *rien* de déplacé, mais jusqu'au moindre geste, son marcher, son port, *toute* sa contenance, *tout* mesuré, *tout* décent, noble, grand, majestueux, et toutefois très naturel, à quoi l'habitude et l'avantage incomparable et unique de *toute* sa figure donnait une grande facilité» (p. 150). A ce *tout* panégyrique s'oppose maintenant l'indication précise des quantités, comme il convient à un peintre objectif qui jamais ne dira un mot de trop: «ses réponses en ces occasions étaient *toujours* courtes, justes, pleines, et *très rarement* sans quelque chose d'obligeant, *quelquefois* même de flatteur» (p. 151).

(17) [Le mot *drawbacks = inconvénients, défauts,* figure ici en anglais].

(18) On ne sait souvent s'il y a lieu de comprendre *air* comme *soupçon* ou comme *mine em-pruntée,* comme *air* [*vent*] ou comme apparence, si le mot dénote une vraie atmosphère ou une attitude hypocrite. Mais cette confusion entre vérité et fiction fait justement partie de l'*air,* de l'*atmosphère* du milieu précieux, où l'apparence d'une atmosphère et l'atmos-

phère elle-même se fondent dans la représentation mondaine. Cf. p. 150: «Rien n'était pareil... aux revues, aux fêtes, et partout où un *air de galanterie* pouvait avoir lieu par la présence des dames.»

(19) A propos des mots *l'abjection et la détresse où elle avait* si longtemps *vécu* Boislisle remarque: «Saint-Simon oublie que, depuis son mariage avec Scarron, c'est-à-dire quand elle avait dix-sept ans à peine, elle n'avait cessé de fréquenter une société, un peu mêlée peut-être, mais dans laquelle elle se rencontrait avec beaucoup de gens d'esprit et de la première qualité.» Saint-Simon l'oublie si peu qu'il mentionne dans la toute première phrase qu'elle avait fréquenté «les meilleures compagnies». Ce qui lui importe c'est de prouver la disposition première est ineffaçable. *Les meilleures compagnies* constituent la façade de la Maintenon; *l'abjection et la détresse,* son état véritable.

(20) Cf. p. 7: «Il faut donc avouer que le Roi fut plus à plaindre que blâmable de se livrer à l'amour, et qu'il mérite d'avoir su s'en arracher par intervalles en faveur de la gloire.» Louange pour s'être soustrait de temps en temps à l'amour! La description des derniers actes du roi mourant est particulièrement inquiétante, actes que Saint-Simon met sur le même pied que la destruction de la France; ensuite, la «piété et fermeté du Roi jusqu'à sa mort», décrites avec la plus absolue admiration, et enfin les dernières paroles du roi au dauphin de cinq ans et demi, et la sortie soudaine du mémorialiste: «il se garda bien de lui rien toucher de ses funestes amours; ... mais comment en parler devant ses bâtards, et en consommant leur épouvantable grandeur par les derniers actes de sa vie? Jusque là, si on excepte cette étrange omission et sa cause plus terrible encore, rien que de digne d'admiration, et d'une élévation véritablement chrétienne et royale» (p. 319). Une méchanceté de vieille commère au beau milieu de la scène chrétienne et solennelle de la mort du roi! Après avoir énuméré les merveilles de Marly, il désigne cet endroit comme un «repaire de serpents et de charogne, de crapauds et de grenouilles.»

(21) Voir mes *Romanische Stil- und Literaturstudien,* v. I, p. 253. Cf. le «crayon léger» du duc du Maine, avec sa forme panégyrique et la séparation que Saint-Simon y opère entre la façade et le vrai être: «Personne n'avait plus d'esprit que le duc du Maine, ni d'art caché sous toutes les sortes de grâces qui peuvent charmer, avec l'air le plus naturel, le plus simple, quelquefois le plus naïf; personne ne prenait plus aisément toutes sortes de formes; personne ne connaissait mieux les gens qu'il avait intérêt de connaître; personne n'avait plus de tour, de manège, d'adresse pour s'insinuer auprès d'eux; personne encore, sous un extérieur dévot, solitaire, philosophe, sauvage, ne cachait des vues plus ambitieuses ni plus vastes, que son extrême timidité de plus d'un genre servait encore à couvrir» (p. 241). Ou, inversement, la rude façade et les réelles capacités de Chamblay: «Chamblay était un fort gros homme, blond et court, l'air grossier et paysan, même rustre, et l'était de naissance, avec de l'esprit, de la politesse, un grand et respectueux savoir-vivre avec tout le monde, bon, doux, affable, obligeant, désintéressé, avec un grand sens... à connaître les pays, et n'oublier jamais la position des moindres lieux» (p. 79).

(22) [L'expression «sees through it» figure ici en anglais]. Les différentes couches de la personnalité se détachent parfois linguistiquement par une interpolation syntaxique qui dément la conception officielle du personnage et ainsi plonge la vérité dans une lumière de flash. L'ironique *c'est-à-dire* dans les exemples suivants est bien le fait du témoin ahuri qu'est Saint-Simon: Louvois proposa au roi de nommer des inspecteurs des troupes «qui rendraient un compte exact de toutes ces choses deux ou trois fois l'année au Roi, *c'est-à-dire à lui-même*... Le Roi, charmé de ces nouveaux détails et de la connaissance qu'il allait acquérir si facilement de cette immensité d'officiers... donna dans le piège, et en rendit par là Louvois le maître immédiat et despotique» (p. 121); «Sous prétexte de l'avis des inspecteurs, le bureau, *c'est-à-dire le ministre de la guerre, et bien plus ses principaux commis,* disposèrent peu à peu des emplois des régiments» (p. 124); «On a senti... ce que valent... des troupes abandonnées à elles-mêmes sous le nom des inspecteurs et sous la férule du bureau, *c'est-à-dire sous l'ignorant et l'intéressé despotisme du secrétaire d'Etat de la guerre, et sous celui d'un roi trop véritablement muselé*» (p. 125).

(23) Cette progression graduelle vers un point culminant est fort caractéristique de Saint-Simon. En écrivant – ou mieux, en parlant – il pénètre de plus en plus, s'excite de plus en plus et trouve des mots d'autant plus précis. Son texte n'est pas une écriture; il se fait en quelque sorte devant nos yeux. Voir, ci-dessus, la remarque sur Mme de Maintenon: «Ses divers états l'avaient rendue flatteuse, insinuante, complaisante, cherchant toujours à plaire.»

Cf. p. 62: «Tel fut l'aveuglement du Roi, telle fut *l'adresse, la hardiesse, la formidable autorité* d'un ministre» – au mot de *l'adresse,* sous le coup de sa colère contre Louvois, il multiplie ses paroles; p. 99: «Toute cette déplorable façon de gouverner qui précipita dans le plus évident péril d'une perte entière, et qui jeta dans le dernier désespoir ce maître de la paix et de la guerre, ce distributeur des couronnes, ce châtieur des nations, ce conquérant, ce grand par excellence, cet homme immortel pour qui on épuisait le marbre et le bronze, pour qui tout était à bout d'encens» – il s'agit ici de paroles affectées à la louange officielle qu'on aurait pu adresser à Louis mais que Saint-Simon tourne en ironie; p. 111: «on a déjà vu les funestes obligations de la France à ce pernicieux ministre [Louvois]: des guerres sans mesure et sans fin pour se rendre nécessaire, pour sa grandeur, pour son autorité, pour sa toute-puissance»; p. 124: le ministre de la guerre se mêlait des conditions de l'avancement «tellement que le dégoût, la confusion, le dérèglement, le désordre, se glissèrent dans les troupes, où ce ne fut plus que brigues, souplesses, souvent querelles et divisions, toujours mécontentement et dégoûts». Les différenciations *souvent* et *toujours* intercalées dans la phrase finale font que le *toujours* se distingue d'autant mieux du *souvent*; p. 302: «cette constance, cette fermeté d'âme, cette égalité extérieure, ce soin toujours le même de tenir tant qu'il pouvait le timon, cette espérance contre toute espérance, par courage, par sagesse, non par aveuglement, ces dehors du même roi en toutes choses.»

(24) Qu'on remarque aussi la ligne arquée tracée par la période sur Saint-Germain, et la phrase coupée, la prépondérance de monosyllabes, là où il s'agit de Versailles. L'harmonie est exprimée par la ligne, la polémique par un style coupé.

(25) Saint-Simon aime exprimer le rien par un *néant* à accents philosophico-religieux, pour exprimer la nullité de l'état hors duquel quelqu'un se serait élevé extérieurement, illusoirement: «un personnage [la Maintenon] unique dans la monarchie depuis qu'elle est connue, qui a, trente-deux ans durant, revêtu ceux de confidente, de maîtresse, d'épouse, de ministre, et de toute-puissante, après avoir été si longuement *néant*» (p. 277). Qui ne voit pas qu'ici un attribut de Dieu, la toute-puissance, a été transféré à un humain qui joue simplement un rôle (*personnage*) mais qui en réalité n'est rien. Pour Saint-Simon la basse naissance est un statut établi par la volonté divine. Cf. p. 43: «Il sentait bien qu'il pouvait accabler un seigneur sous le poids de sa disgrâce, mais non pas *l'anéantir,* ni les siens, au lieu qu'en précipitant un secrétaire d'Etat de sa place..., il le replongeait lui et tous les siens dans la profondeur du *néant* d'où cette place l'avait tiré sans que les richesses qui lui pouvaient rester le pussent relever de ce *non-être*.» N'être rien équivaut pour Saint-Simon à n'être pas. Cf. p. 311: «le premier de tous les hommes de toutes les nations qui a tiré du *néant* les fruits du double adultère, et qui leur ait donné l'être»; p. 307: «On a vu... les divers degrés par lesquels les enfants du Roi et de Mme de Maintenon ont été successivement tirés du *profond et ténébreux néant* du double adultère, et portés plus qu'au juste et parfait niveau des princes du sang, et jusqu'au sommet de l'habilité de succéder à la couronne.» Le *rien* est la profondeur de l'abîme. En accord avec le dynamisme baroque, Saint-Simon aime nous mener du plus bas au plus haut. Le double éclairage fait penser à l'*Athalie* de Racine (voir mes *Romanische Stil- und Literaturstudien,* v. I, pp. 191 ss.). Le roi vivait «dans l'intime conviction où il fut toujours de *leur néant et de leur bassesse innée,* qui n'était relevée que par l'effort de son pouvoir sans bornes, et qui après lui ne pouvait que retomber» (p. 307).

(26) Les formules d'hommage qui conviennent au monarque sont ridiculisées par un pronom démonstratif répété (v. plus haut, n. 15, le pronom personnel ironiquement répété), ce qui devient particulièrement frappant ici par la juxtaposition *désespoir-maître;* de même dans l'exemple suivant: *au plus superbe des rois-l'humiliation la plus profonde.*

(27) N. fut condamné pour sa présomption à vivre en animal pendant sept ans; v. la note de l'édition Boislisle.

(28) De ces anacoluthes, résulte parfois une «phrase tout à fait incorrecte» note Boislisle à propos de la phrase suivante: « La *grandeur d'âme* que montra constamment dans de tels et de longs revers... ce roi si accoutumé au plus grand et au plus satisfaisant empire domestique, aux plus grands succès au dehors *se vit enfin abandonné* de toutes parts par la fortune» (p. 301). Chez Racine, en revanche, nous trouvons une subjectivisation soutenue des notions morales (cf. mes *Romanische Stil- und Literaturstudien,* v. I, pp. 160 ss.) sans possibilité d'anacoluthe parce que là, précisément, les forces abstraites sont actives –

tandis que Saint-Simon discerne les formes de ces mêmes forces et en fait l'objet d'observations morales. C'est ce décalage qui se manifeste au niveau de la grammaire.

(29) Remarquons comment des événements individuels et très précis (origine d'amour, naissance d'enfants, leur légitimation etc.) sont imbriqués dans l'énumération des qualités psychologiques: la continuité historique doit être soustraite avec grand'peine par deux *enfin* à l'artificieuse fixité du médaillon.

(30) De telles «écrasantes» phrases courtes se trouvent fréquemment chez Saint-Simon et font contraste avec ses phrases normales à longue haleine. Louvois avait mal servi le père de Saint-Simon: «J'en reçus autant de compliments eet de politesse ue s'il avait bien servi mon père. *Ainsi va la cour*» (p. 76). Cf. p. 135: «Quand il s'agissait de quelque chose pour eux [ceux qui étaient restés loin de la cour]: «Je ne le connais point», répondit-il fièrement: sur ceux qui se présentaient rarement: «C'est un homme que je ne vois jamais» *et ces arrêts-là étaient irrévocables*». Ailleurs, au sujet de quelque affaires de cœur du roi: «Avec cela il n'eut pas le loisir de s'en dégoûter tout à fait: une mort prompte... finit en bref ces nouvelles amours. *Presque tous ne furent que passades*» (p. 182). Il s'agit le plus souvent, on le voit, de constatations nées dans l'indignation, et qui comportent sur ce qui s'est passé cette amère arrière-pensée: «Voilà donc ce qui en est!» La brièveté de cette observation indique à quel point de telles constatations répugnent à Saint-Simon.

(31) Le modèle de cet emploi se reconnaît dans un cas comme celui-ci, où il est question de Marly: «Enfin en bâtiments, en jardins, en eaux, en aqueducs, en ce qui est si connu et si curieux sous le nom de machine de Marly, en parcs, en forêt ornée et renfermée, en statues, en meubles précieux, Marly est devenu ce qu'on le voit encore... en forêts...; en vastes espaces de bois, épais et d'allées obscures...; en bassins...; en cascades...; en séjours dc carpes» (p. 171). Les prépositions contribuent par leur répétition et leur attribution, aux mesures du roi favorisant le lieu, à la richesse, au bonheur, etc.

(32) Par ces *les uns... les autres* Saint-Simon arrive à distinguer les groupes, et non seulement dans ses grandes peintures à fresque comme ici. Cf. p. 134: «C'était un démérite aux uns, et à tout ce qu'il y avait de distingué, de ne faire pas de la cour son séjour ordinaire, aux autres d'y venir rarement, et une disgrâce sûre pour qui n'y venait jamais, ou comme jamais».

(33) Suivent ici quelques pages de conclusion que l'on n'a pas cru utile de traduire. Dans le texte allemand il s'agit des pages 43 à 47 qui portent le titre: «Sur la méthode du présent article.» Les réflexions méthodologiques de Spitzer, toujours fort intéressantes en elles-mêmes, ont d'ailleurs trouvé leur expression la plus développée dans le premier chapitre de *Linguistics and Literary History,* Princeton University Press, 1948, pp. 1–29, repris sous le titre «Art du langage et linguistique» dans le volume *Études de style,* pp. 45–78

Structures de personnalité et vision du monde dans les *Memoires* de Saint-Simon* (1)

par Jules Brody

> «Saint-Simon pense peu, et il voit tout.»
>> Roger Judrin (2)

I

«C'était un assez grand homme brun, bien fait, devenu gros en vieillissant, sans en être appesanti, avec une physionomie vive, ouverte, sortante, et véritablement un peu folle, à quoi la contenance et les gestes répondaient» (II, 111) (3). Marcel Proust avait bien de quoi s'émerveiller devant la chute de cette phrase, qui lance le portrait du maréchal de Villars (4). Un mot savamment placé vient en coup de faucille couper les jambes à ce personnage qui semblait destiné, au contraire, à faire l'objet de propos plutôt indulgents, sinon nettement élogieux. On s'attend d'autant moins à ce *véritablement un peu folle* démolisseur qu'un seul trait négatif *(devenu gros)* ressort largement atténué *(sans en être appesanti)* d'une prépondérance de caractéristiques positives.

La «folie», de provenance et de composition indéterminées, qui perce de derrière les apparences pour défigurer ce portrait ostensiblement flatteur, n'est que le premier maillon dans la chaîne des défauts, des tares, des travers et des vices réunis chez le Villars véritable. Dans une longue phrase d'allure diluviale, et sans verbe — si ce n'est un *il avait* implicite — Saint-Simon dénombre, tout d'une haleine, les déficiences de son sujet:

> ... une ambition démesurée, qui ne s'arrêtait pas pour les moyens; une grande opinion de soi, qu'il n'a jamais guères communiquée qu'au Roi; une galanterie dont l'écorce était toujours romanesque; grande bassesse et grande souplesse auprès de qui le pouvait servir, étant lui-même incapable d'aimer ni de servir personne, ni d'aucune sorte de reconnaissance; une valeur brillante, une grande activité, une audace sans pareille, et une effronterie qui soutenait tout et ne s'arrêtait pour rien, avec une fanfaronnerie poussée aux derniers excès, et qui ne le quittait jamais; de la facilité à parler, mais avec une abondance et une continuité d'autant plus rebutante, que c'était toujours avec l'art de revenir à soi, de se vanter, de se louer, d'avoir tout prévu, tout conseillé, tout fait, sans jamais, tant qu'il put, en laisser de part à personne: sous une magnificence de Gascon, une avarice extrême, une avidité de harpie, qui lui a valu des monts d'or pillés à la guerre...

Chacun des défauts contenus dans cette litanie renvoie ultérieurement à l'*ambition démesurée* qui l'avait inaugurée; c'est elle qui transforme, en les dénaturant, jusqu'aux rares qualités dont Saint-Simon consent à ponctuer son réquisitoire (5). La *valeur brillante* de Villars, que l'on est même surpris d'entendre mentionner au cours d'une condamnation si radicale, est rapidement vidée de sa substance à mesure que

---

* *Première publication: Cahiers Saint-Simon*, no. 4: 13–32, 1976

Saint-Simon approfondit le décalage entre une qualité apparente et sa motivation réelle. Au bout du glissement *valeur* ⟩ *activité* ⟩ *audace* ⟩ *effronterie* ⟩ *fanfaronnerie,* la dégringolade est complète; cette valeur dévalorisée ne laisse plus voir que le fonds d'égoïsme qu'elle recouvre. Il en est de même de la faconde de Villars; sa *facilité à parler,* corrompue par les élans d'un moi déchaîné, dégénère en objet de répugnance. Les défauts les plus voyants de Villars ont, par ailleurs, ceci en commun: son ambition «qui ne s'arrêtait pas», son effronterie qui «ne s'arrêtait pour rien», sa fanfaronnerie, «poussée aux derniers excès», son éloquence avec son «abondance» et sa «continuité» rebutantes, bref, toute sa manière d'être témoigne d'une même force d'impulsion. Il y a jusqu'à sa *bassesse* et sa *souplesse,* «grandes» elles aussi, comme le reste chez lui, qui impliquent une puissance interne, et une réserve d'énergie toujours en mouvement (6). Flexible, changeant, inlassable, constamment agissant, jamais passif, Villars semble traverser la vie en apportant à ses multiples activités la même vitesse acquise.

Et pourtant, ayant fait l'inventaire des défauts de Villars, ayant constaté l'allure démentielle de sa carrière, on est toujours loin de comprendre dans toute leur ampleur l'indignation et l'horreur que ce phénomène d'ambition inspire à Saint-Simon. A en juger par la facture de ses phrases, on dirait que c'est moins le fait de l'ambition de Villars que son énormité, la vaste surface de son déploiement, l'envergure et l'ubiquité de ses entreprises qui constituent pour Saint-Simon la véritable cause de scandale. Chacun des gestes, chacune des conséquences déclenchées par cette «ambition démesurée», se ressent d'un même débordement, d'une même absence de *mesure.* Dans le temps et dans l'espace, en étendue et en profondeur, par leur nombre et par leur portée, les visées et les démarches de Villars sont maximales: il est «incapable... de servir *personne,* ni d'*aucune sorte* de reconnaissance»; il avait «une effronterie qui soutenait *tout* et ne s'arrêtait pour *rien,* avec une fanfaronnerie poussée aux *derniers excès,* et qui ne le quittait *jamais»;* quand il parlait «c'était *toujours* avec l'art de revenir à soi, ... de se louer, d'avoir *tout* prévu, *tout* conseillé, *tout* fait, sans *jamais, tant qu'il put,* en laisser de part à *personne»* (7).

Il ne serait guère possible de parler du «style» de Saint-Simon dans ce passage sans essayer au moins d'assigner un sens, même provisoire, à la batterie de mots hyperboliques imprimés en italiques. Face à la prépondérance de ces *tout,* ces *rien,* ces *toujours,* ces *jamais,* ces *aucun,* ces *personne,* l'on hésite à croire que le grief essentiel de Saint-Simon puisse être réduit à telles séries de prédicats usuels ou de propositions discursives, si complètes soient-elles. Au contraire, l'effort stylistique fourni au niveau du lexique et de la syntaxe par la foule d'adjectifs, de pronoms et d'adverbes qui fait l'ossature de ce portrait, identifie le vrai défaut de Villars comme une poussée totalisante, un élan vers la réalisation de soi qui ne laisse rien en attente, qui actualise la gamme des virtualités. L'essence de ce caractère, où tout se porte au superlatif, serait une connivence quelque peu·innomable de la totalité, de l'exclusivité et de la pérennité dans la réussite.

Ce même vocabulaire réapparaît dans le courant du portrait avec une insistance propre à suggérer la présence d'un automatisme, d'un fait de langue omniprésent, d'un système de redondances apparemment indispensable à la tâche d'expression que Saint-Simon se serait assignée. Dans les phrases qui suivent, les mots soulignés reviennent avec la force cumulative d'anaphores ponctuer d'un bourdonnement phonique souterrain les étapes successives de la narration:

Son adresse consistait à faire valoir les *moindres* choses et *tous* les hasards. Les compliments suppléaient chez lui à *tout*; mais il n'en fallait *rien* attendre de plus solide: lui-même n'était *rien moins*. *Toujours* occupé de futilités, etc...

... il s'égarait et ne se retrouvait *plus;* la conception manquait, il y disait *tout* le contraire... de ce qu'il voulait dire.

Aucune [affaire], *tant* qu'il lui était possible, ne le détournait du jeu, qu'il aimait parce qu'il y avait *toujours* été heureux... Il *n'*était occupé *que* de se maintenir en autorité et laissait faire *tout* ce qu'il aurait dû faire ou voir lui-même.

[Dans les *Mémoires* de Villars] un récit confus... voile *tant* qu'il peut le désordre qui pensa perdre son infanterie..., ne peint *ni* la situation, *ni* les mouvements, *ni* l'action, *encore moins* ce qui en fit la décision et la fin; et ses louanges générales..., qui ne louent *personne* en ne marquant *rien* de particulier de *personne*, données au besoin qu'il se sentait de *tous*, n'en peuvent flatter *aucun*.

... les vanteries de ses *Mémoires*... n'ont pas seulement la *moindre* apparence, et... *tout* ce qu'il y dit de lui est un roman... *Tout* y est mensonge, la plupart *entièrement* controuvé, ou avec un fondement dont *tout* le reste est ajusté à ses louanges, et au blâme de ceux qui y ont le *plus* mérité... Torcy m'a prostesté qu'il en avait admiré le roman, que *tout* y est mensonge, et qu'*aucun* fait, *aucun* mot n'en est véritable...

Telle a été la vanité de Villars d'avoir voulu être un héros en *tout* genre dans la postérité, aux dépens des mensonges et des calomnies qui font *tout* le tissu du roman de ses *Mémoires*...

Le découpage de cette série d'extraits a été fait à partir d'un simple fait de lecture: la présence du mot *tout*, qui, dans chacun de ces passages, détient une fonction nucléaire; comme un aimant au centre d'un champ magnétique, il attire vers lui, d'aires sémantiques limitrophes, pour les organiser en une constellation, un réseau de locutions à portée analogue. L'effet cumulatif de ce *tout* redondant est d'esquisser un portrait — au niveau primitif du lexique — où les contrastes sont voyants et les contradictions flagrantes, où des affirmations catégoriques s'appuient et se doublent de négations globales, où les superlatifs s'amènent et s'assènent sans qualifications, où les exclusions sont d'une étanchéité absolue.

Face à une telle certitude, le lecteur même le moins expérimenté ressent un certain malaise. Il se demande, en effet, si l'insistance de Saint-Simon, ses exagérations massives et renouvelées, n'opèrent pas au bout du compte une simplification et une réduction des plus partiales. Par la netteté de ses contours, la pérennité de ses succès, la plénitude de son activité et l'unicité de ses mobiles ce portrait de Villars semble bien tirer sur l'irréel. Car une telle perfection dans l'incompétence, jointe à une telle constance dans la réussite, le lecteur est-il tenté d'objecter, n'est sûrement pas de ce monde. Et c'est sans doute parce qu'il pouvait prévoir des objections de ce genre que Saint-Simon finit par adoucir et nuancer son portrait, en y ajoutant ce court éloge compensatoire:

Parmi *tant* et de *tels* défauts, il ne serait pas juste de lui nier des parties. Il en avait de capitaine; ses projets étaient hardis, vastes, *presque toujours* bons, et *nul* autre *plus* propre à l'exécution... Le coup d'œil, *quoique* bon, n'avait *pas toujours* une égale justesse, et, dans l'action, la tête était nette, *mais* sujette à *trop* d'ardeur, et *par là même*, à s'embarrasser. L'inconvénient dans ses ordres était *extrême, presque jamais* par écrit, et *toujours* vagues, et, *sous prétexte* d'estime et de confiance, avec des propos ampoulés, se réservant *toujours* des moyens de s'attribuer *tout* le succès, et de jeter les mauvais sur les exécuteurs. Depuis qu'il fut arrivé à la tête des armées, son audace *ne fut plus* qu'en paroles; *toujours le même* en valeur personnelle, *mais tout différent* en courage d'esprit. Étant particulier, *rien de trop* chaud pour briller et pour percer; ses projets étaient quelquefois *plus* pour soi *que* pour la chose, et *par là même* suspects... (pp. 114–115).

A force de lire ce passage en suivant la progression tracée par les mots en italiques, l'on ne tarde pas à percevoir le principe de sa structure. Comme dans la toute première phrase du portrait, celle qui nous a servi de point de départ, le procédé de Saint-Simon consiste ici à retirer d'une main ce qu'il avait donné de l'autre, ou dans la formule de Spitzer, à faire «rentrer par la porte de derrière ce qui avait été expulsé par la porte d'entrée» (8). Bien que par un processus de dégonflement moins dramatique que le *véritablement un peu folle* du début, le compliment qui se voulait compensateur, tourne graduellement, presque insensiblement, au péjoratif. Les vertus de Villars, se doublant peu à peu de déficiences, s'avèrent n'être, tout compte fait, que des défauts potentiels ou masqués. Mais, à deux locutions désobligeantes près *(L'inconvénient, propos ampoulés),* ce tour de force d'éloge inverti s'accomplit en dehors de tout reproche explicite. La route lexicale empruntée par cette critique renouvelée, déguisée en louange, est celle-là précisément qui avait servi à la longue démolition précédente. Dans ce passage, le *presque toujours* des deux premières phrases laissent déjà entrevoir des lacunes chez Villars que Saint-Simon s'empressera de combler – en mal. Les deux emplois de *par là même* renvoient, déductivement, à un fonds de passion destinée à remonter à la surface submerger les quelques qualités que Saint-Simon fait mine de prêter à son sujet (9).

A mesure que les phrases de Saint-Simon déferlent, le dessous des apparentes vertus de Villars éclate, ses défauts se multiplient tant et si bien qu'à la fin l'on ne perçoit plus en lui qu'un débordement dans l'espace et qu'une prolongation dans le temps d'intérêt, de prétention, de vanité et de passion. Ce qui frappe dans ce passage, c'est la mécanique par laquelle le même arsenal d'hyperboles redondantes réémerge de plus belle avec la force d'un vieux refrain, pour dévaloriser un compliment à peine entamé. C'est comme si sa vision de Villars en plein défoulement était par trop fondamentale à Saint-Simon pour qu'il puisse la laisser s'éclipser même provisoirement. Allant à l'encontre de son intention déclarée, ses emplois de *tout, trop, toujours, plus... que,* etc. assurent, à un niveau souterrain, une fonction continue de commentaire négatif et de censure radicale, pourtant ostensiblement suspendue.

Sur le plan discursif l'apport de l'hyperbolisme de Saint-Simon est bien maigre. Le portrait d'un personnage qui serait *toujours* ceci et *jamais* cela, dont les gestes n'occuperaient que les pôles du *tout* ou du *rien*, est un portrait en blanc et noir, grossi, invraisemblable, bref, une caricature. Mais qu'attendre de plus, après tout, de la part de ce «petit hobereau rancunier,» dépassé par les événements, exclu de la munificence royale, vivant dans la pénombre de la splendeur louisquatorzienne, lui qui de son propre aveu «rampait» aux pieds de tel autre «que les ailes de la faveur avaient si continuellement porté dans des routes brillantes» (III, 1123)? L'acharnement de ce petit duc) et pair du vieux temps ne serait tout au plus que l'expression, toute naturelle par ailleurs, de son envie, de son amertume et – lâchons le mot – de sa haine (10). Peut-être.

«L'enthousiame,» disait Valéry, «n'est pas un état d'âme d'écrivain» (11). L'envie,
ni la haine non plus. L'hyperbolisme de Saint-Simon, qui, sur le plan discursif,
laisse entrevoir une psychologie d'homme, dont l'histoire littéraire s'est complue à
faire son gibier, témoigne, au niveau de la langue et du style, d'un état d'âme d'écrivain. En tant qu'expression d'une subjectivité d'auteur, l'on pourrait, avec plus ou
moins de vraisemblance, voir dans le portrait de Villars une caricature, ayant comme ressort psychologique principal la hargne et la haine de Saint-Simon. En tant que
création littéraire, d'autre part, en tant qu'objet de lecture et d'étude, ce portrait
doit être envisagé plutôt comme une caractérisation, dont toutes les parties renvoient
à un dénominateur commun, à une constante lexicale précise qui la parcourt en fili-
grane. Car la présence d'un vocabulaire continûment hyperbolique est une donnée
textuelle à la fois primordiale et indiscutable. De deux choses l'une: ou bien cette
donnée contribue à la cohérence du portrait comme fait littéraire, ou bien le portrait est radicalement dépourvu de cohérence (12).

Peut-être faut-il prendre Saint-Simon au pied de la lettre lorsqu'il souligne à maintes
reprises tout ce qu'il voyait de «romanesque» dans la carrière de Villars. A partir de
la galanterie «dont l'écorce était toujours romanesque» (p. 111) jusqu'à la futilité
de ses occupations favorites (p. 112: «c'était un répertoire de romans, de comédies
et d'opéras, dont il citait à tout propos des bribes... Il ne bougea tant qu'il put des
spectacles»), tout dans la vie de Villars portait la marque d'une fiction. Et, à plus
forte raison, les *Mémoires* qu'il a laissés: «les vanteries de ses *Mémoires* n'ont pas
seulement la moindre apparence... tout ce qu'il y dit de lui est un roman... [T]out
y est mensonge, la plupart entièrement controuvés»; «Torcy m'a protesté qu'il en
avait admiré le roman, que tout y est mensonge, qu'aucun fait, aucun mot n'en est
véritable» (p. 113); les mensonges et les calomnies «font tout le tissu de ses *Mémoires*» (p. 114). Et dans l'obtention de son bâton de maréchal on ne s'étonne pas
d'entendre dire qu'il tint une conduite de «Matamore» (p. 115).

L'on comprend que la disproportion entre la vacuité foncière de ce cabotin et ses
succès inouïs ait provoqué chez Saint-Simon un mélange de rage et de consternation:

> [cet] homme si merveilleux, qui, avec tout son art, son bonheur sans exemple,
> les plus grandes dignités et les premières places de l'État, n'y a jamais été qu'un
> comédien de campagne, et plus ordinairement encore qu'un bateleur monté
> sur des tréteaux. Tel fut en gros Villars, à qui ses succès de guerre et de cour
> acquerront dans la suite un grand nom dans l'histoire... (p. 114).

L'émerveillement de Saint-Simon devant cet «homme si *merveilleux*,» relève de l'absence de commune mesure entre sa nullité essentielle et sa grandeur existentielle;
ses triomphes, comme ses défauts, dépassent toute mesure. La seule mesure d'un
tel homme est la démesure. C'est justement le mariage chez Villars entre une incapacité et une réussite, toutes deux outre mesure, qui devient cause d'outrage. Cette
carrière constitue une outrance qui, en tant que condition objective et au même titre que la subjectivité du mémorialiste, dicte la forme outrée du portrait.

La démesure incarnée qu'est Villars tient littéralement de cette irréalité spécifique
qui fait la substance des œuvres d'imagination. Histrion, Matamore, personnage de
roman, cet «homme si merveilleux» semble parcourir la vie comme si son existence
n'était point sujette aux lois de la causalité; ses réussites semblent s'accumuler en
dehors de toute vraisemblance. Et, pour rendre compte d'un tel phénomène, pour

expliquer un tel décalage des causes à leurs effets, Saint-Simon se voit réduit à invoquer la Fortune, le «bonheur sans exemple» de Villars. En fait, la phrase qui avait servi d'introduction à ce portrait, laissait entendre que son but même n'était rien d'autre que d'étaler aux yeux du lecteur tout ce que ce caractère renferme d'irréel, d'invraisemblable, d'incroyable, selon les normes reçues de l'explication historique ou politique: «Cet enfant de la fortune,» annonçait Saint-Simon, «va si continuellement faire désormais un personnage si considérable, qu'il est à propos de le faire connaître» (p. 111). Et c'est dans le sens de cette remarque d'ouverture que le détail du portrait abonde. En tant que construction littéraire, la description de Villars cherche à faire partager au lecteur la perplexité outragée du témoin oculaire devant une existence qui se déroule au sein de la réalité la plus drue, libre de toute contrainte et soumise uniquement aux lois illogiques et capricieuses qui soustendent l'élaboration des romans d'aventures. Ce portrait se propose de faire concevoir ce qui ne se conçoit pas, d'éclairer le décalage béant entre l'obligation d'enregistrer certains faits et l'impossibilité de les penser. Car, pour Saint-Simon, il est nettement impensable qu'à un homme qui réunit tous les défauts rien ne fasse défaut: «Son ignorance, et, s'il en faut dire le mot, son ineptie en affaires était *inconcevable* dans un homme qui y fut *si grandement et si longtemps* employé; la conception manquait, il y disait *tout le contraire* de ce qu'on voyait et de ce qu'il voulait dire. J'en suis demeuré souvent dans *le plus profond étonnement*» (p. 112) (13).

Cette réflexion marque une convergence des données essentielles du portrait: elle souligne dans toute sa nudité le scandale existentiel que constituait pour Saint-Simon un tel bonheur joint à une telle perversité de la fortune. Mais les dimensions de ce scandale dépassent de loin le seul cadre de l'existence charmée d'un Villars. Les contradictions qui y avoisinent pointent vers un mal plus général et impliquent un désordre plus radical: «Un tel homme n'était guère aimable: aussi n'eut-il jamais ni amis ni créatures, et jamais homme ne séjourna dans de si *grands* emplois avec *moins* de considération. Le nom qu'un *infatigable bonheur* lui a acquis pour des temps à venir m'a souvent dégoûté de l'histoire» (p. 112). Le bonheur outrancier et outrageant de cet «enfant de la fortune,» le scandale qu'il comporte et le portrait outré qu'il occasionne ont pour effet ultime de mettre en cause la cohérence même du monde et la possibilité de prêter quelque signification que ce soit à ses vicissitudes (14).

«Si le monde était clair,» remarquait Camus, «l'art ne serait pas» (15). Chez Saint-Simon la naissance de l'artiste relève directement du dégoût et de la déconfiture de l'historien. La puissance expressive du portrait doit sa raison d'être à l'impuissance du récit à expliquer. Devant un monde qui a cessé d'être clair, les procédés discursifs de l'historien, en mal de comprendre les phénomènes sur lesquels il se penche, cèdent le pas à la figure(16). Sous le coup de son «étonnement métaphysique,» Saint-Simon se tourne vers l'hyperbole — appuyée de superlatifs, d'affirmations et d'exclusions catégoriques — pour traduire en artiste de la parole l'ambiance de fiction, le pays des merveilles où la carrière enchantée de Villars lui semble se poursuivre.

Si on voulait invoquer les fameuses catégories de Chomsky, on pourrait dire que la désapprobation de Saint-Simon — où, si l'on préfère, son envie et sa haine — ne constitue que la «structure superficielle» du portrait (17). C'est dans l'étonnement de Saint-Simon, en revanche, dans sa consternation dégoûtée face à la démarche totalisante de son sujet, qu'il faudrait chercher le principe de sa «structure profonde» celle qui rend compte non pas des sentiments supposés de l'écrivain, mais des propriétés constatées et distinctives de l'écriture à laquelle ces sentiments, quels que soient leur nom ou leur origine véritables, ont donné lieu. A chaque emploi de *tout, rien, personne, jamais,* etc., Saint-Simon double son message superficiel d'historien (Villars a tels défauts, a accompli tels gestes) d'une exégèse profonde de portraitiste. En inscrivant dans le pli de sa narration cette batterie d'hyperboles, il fournit la clé sans laquelle l'essence vitale sous-jacente aux défauts de son personnage passerait inaperçue. De par sa densité et sa sustension, l'hyperbolisme de Saint-Simon détermine la littérarité d'un personnage et d'un portrait dont l'exacte mesure se dérobe à la fois aux données de l'historicité et à l'emprise de l'histoire.

Qu'il s'agisse des visées politiques de Villars, de sa servilité, de son égoïsme, ou de sa vantardise, Saint-Simon renvoie systématiquement à une figure de dimensions démesurées. Villars veut et se veut tout; il est tout à lui-même et, en cela, il est un tout, il est tout un, *ne varietur.* La grandeur de ce grand, tout externe et partant rapetissée, est de celles qui ne se mesurent plus qu'à leur étendue et à leur magnitude. C'est une grandeur quantifiée, dépourvue de substance, démythifiée, démétaphorisée, vidée de son contenu moral et spirituel. Littéralement rempli de lui-même, Villars s'étend et se répand dans le monde, tel un volume en expansion. Il fut un temps où les grands servaient en remplissant des fonctions précises, délimitées; à l'heure qu'il est, ceux de la trempe de Villars emplissent les emplois, comme on comble les lacunes, en y faisant déborder une partie de leur masse inépuisable. Voué à une pullulation outrancière de soi, ils gagnent en un parcours ininterrompu les dernières limites de l'arrogance et du pouvoir.

Quelle que soit sa vérité historique sur l'homme que fut Villars, la vision de lui que nous procure le portrait réductif de Saint-Simon, n'en reste pas moins des plus éloquentes en tant que «représentation littéraire du monde... proprement magique» (18). Car la peinture de cette existence, tant comblante que comblée, de ce train de vie accapareur, envahissant, ne saurait réclamer le statut d'un fait. Dans la mesure où il opère une «transfiguration du réel» (19), le portrait de Villars s'auréole plutôt du prestige autrement rare d'une image — image tant de fois reprise dans les pages des *Mémoires* qu'elle acquiert les proportions d'un symbole. Bien plus qu'une description biographique ou psychologique, ce portrait hyperbolique est la figure, la re-présentation poétique d'une certaine structure de personnalité. Miné de l'intérieur, tel un personnage de roman ou de théâtre, par une faiblesse connue d'abord seulement à son créateur, et, ensuite à son public, ce caractère en qui la qualité a été subornée par la quantité est l'expression paradigmatique d'une caste et d'une société en proie à une dégénérescence identique.

II

Harcourt, avec les manières les plus polies, les plus affables, les plus engageantes, les plus ouvertes, était l'homme du monde le plus haut, le plus indifférent excepté à sa fortune, le plus méprisant avec toutefois le bon esprit de consulter, soit pour gagner des gens, soit pour faire sien ce qu'il en tirait de bon (II, 16).

Par son rythme et sa facture, cette phrase, qui inaugure le portrait du duc d'Harcourt, n'est pas sans rappeler le cas de Villars: ton hyperbolique, entassement de superlatifs, contraste appuyé entre le dehors du personnage et son dedans. Encore comme chez Villars, un faisceau de qualités externes recouvre une abondance de vices cachés. Et dans la suite du portrait, on ne tarde pas à constater que le principe sous-jacent à cette duplicité caractérielle réside dans une souplesse à toute épreuve:

Il avait beaucoup d'esprit, juste *étendu, aisé à se retourner* et *à prendre toutes sortes de formes...* Sa conversation la plus ordinaire était charmante; personne n'était de meilleure compagnie: *ployant,* doux, accessible, *facile à se faire tout à tous;* et par là il s'était fait extrêmement aimer partout et s'était fait une réputation. Il parlait d'affaires avec une *facilité* et une éloquence naturelle et simple. Les expressions, qui *entraînaient, coulaient* de source; la force et la noblesse les accompagnaient toujours... Le sophisme le plus *entrelacé* et le mieux *poussé* lui était familier; il savait y donner un air simple et vrai, et jeter force poudre aux yeux par des interrogations hardies, et quelquefois par des *disparade* quand il en avait besoin.

Grâce à une flexibilité et une fluidité tant de caractère que de paroles, Harcourt poursuit sa carrière, en dehors de tout effort et de toute gêne, jusqu'aux combles du succès («il s'était fait *extrêmement* aimer *partout*»). Mais son aisance et sa facilité ne sont qu'une manifestation parmi d'autres de la mobilité protéenne qui anime sa moindre démarche (20). A partir de son esprit *étendu,* qui se distend et se déploie partout où l'ambition le dirige, jusqu'à son *ployant,* principe de ses divers ondoiements et louvoiements, ce caractère incarne le mouvement. Son sophisme (*le plus entrelacé et le mieux poussé*), au même titre que ses *disparades,* évoque, lui aussi, l'image d'un souple mouvement détourné, serpentin, et, pourtant, toujours pointé vers l'avant. *Les expressions, qui entraînaient, coulaient de source:* la fluide abondance de ses paroles, mûes par un fonds intarissable d'énergie interne, faisaient aborder ses interlocuteurs dans son sens à lui; sa faconde avait l'art justement d'é-mouve les autres, de les mettre eux aussi dans le mouvement, de leur faire épouser *son* mouvement.

Pour Saint-Simon, Harcourt faisait figure d'une individualité libre de toute entrave, toujours allante, maîtresse d'elle-même, n'obéissant jamais qu'à sa propre loi, soumise seulement à sa propre force d'impulsion:

L'écorce du bien public et de la probité qu'il montrait avec assez de délicatesse pour persuader, sans avoir l'air de s'en parer, n'avait rien qui le pût *contraindre* (21): jamais elle ne lui passa l'épiderme. Il avait l'art d'*éviter* d'y être *pris;* mais, s'il lui arrivait de *se prendre dans le bourbier,* une plaisanterie venait au secours, un conte, une hauteur: en un mot, il payait d'effronterie, et *ne se détournait pas de son chemin.*

Toujours dispos, toujours flexible, Harcourt se pousse toujours en avant, procédant, quand il le faut, par méandres, contournant des obstacles contre lesquels un être moins *ployant* risquerait d'achopper. S'il lui arrive de s'arrêter dans sa course, ce n'est que pour la reprendre par la suite avec une confiance et une sécurité accrues. Pervers au point de mettre la vertu même au service de ses desseins tortueux, il pouvait être «droit et franc, quand rien ne l'en détournait.» Mais là où il fallait se détourner, il sut toujours opérer un nouvel aiguillage:

... au moindre besoin, la *fausseté* même, et la plus *profonde,* et toujours plein de vues pour soi, et de desseins personnels; naturellement gai, d'un travail facile, et jamais incommode par inquiétude, ni à la guerre, ni dans le cabinet, jamais impatient, jamais important, jamais affairé, toujours occupé, et toujours ne paraissant rien à faire; ... en tout, un homme très capable, très lumineux, très sensé, un bel esprit, net, vaste, judicieux, mais avare, intéressé, rapportant tout à soi, fidèle uniquement à soi, d'une probité beaucoup plus qu'équivoque, et radicalelement corrompu par l'ambition la plus effrénée. Il était l'homme de la cour le plus propre à devenir le principal personnage, le plus adroit en *détours*, le plus *fertile en souterrains et en manèges*, que le *liant* de son esprit entretenait avec un grand art, *soutenu* par une *suite continuelle* en tout ce qu'il se proposait (pp. 16–17).

L'«éblouissant feu d'artifice de superlatifs essoufflés» (22) qui clôt ce portrait récapitule tous ses thèmes majeurs et prolonge, en l'illustrant, l'image sous-jacente de mouvement qui lui confère son unité. Une véritable avalanche d'hyperboles, une nouvelle succession en perte d'haleine de *toujours*, de *jamais*, de *tout*, etc. viennent étoffer notre vision d'un homme inlassable, étranger au repos, qui concilie tous les extrêmes, qui se propulse aux combles de la faveur à force de se faufiler dans les bas-fonds de la fausseté. La toute dernière phrase du portrait, avec sa prolifération de mots évocateurs d'une mobilité à la fois souple, constante, détournée et sinueuse (*adroit, détours, fertile, souterrains, manèges, liant, soutenu, suite continuelle*), émerge comme l'équivalent métaphorique d'une *arrivée*. Au niveau primitif de son lexique, le portrait en entier dramatise l'art de *parvenir*. La carrière d'Harcourt, *adroits en détours, fertile en souterrains*, traduit par son allure zigzagante le *modus movendi* de l'arriviste qu'il fut.

III

Quels que soient la qualité, le rang ou le statut social d'un ambitieux, la route qu'il emprunte, sa façon de la poursuivre et le train qu'il va en faisant son chemin ne varient guère, sous la plume de Saint-Simon, d'un personnage à l'autre. Parmi la famille d'esprits à laquelle appartiennent Villars et Harcourt vient s'insérer, le plus naturellement du monde, le cardinal Dubois, leur semblable et leur frère:

> On a bien des exemples de prodigieuses fortunes, plusieurs même de gens de peu; mais il n'y en [a] aucun de personne si destituée de tout talent qui y porte et qui la soutienne que l'était le cardinal Dubois, si on en excepte *la basse et obscure intrigue* (VII, 326–327).

Il faut bien comprendre les mots soulignés dans le même sens et leur prêter la même force d'image que suggéraient la «fausseté... profonde» et la fertilité en «souterrains» d'Harcourt (II, 16–17). Il s'agit ici encore d'un mouvement tortueux, caché à la vue, muni de toutes les associations d'embrouillement et d'enchevêtrement comportées par le mot même d'*intrigue* dans son sens étymologique (23). La fortune prodigieuse de Dubois tenait exclusivement de cette capacité, qui rachetait tous ses défauts, à faire son chemin dans la vie en s'y faufilant par en dessous à droite et à gauche, à tort et à travers. A l'instar de Villars et d'Harcourt et mû par la même force motrice, il passait partout et arrivait à tout:

> ... voulant tout en tout genre, se comptant lui seul pour tout, et tout ce qui n'était point lui pour rien...; avec cela, doux, bas, souple... prenant toutes sortes de formes avec la plus grande facilité, et revêtant toutes sortes de personnages, et souvent contradictoires, pour arriver aux différents buts qu'il se proposait... (p. 327).

Doué de la souplesse protéenne d'Harcourt, et d'une manière fidèle à «son extérieur de furet», Dubois sut s'ingérer dans tous les recoins où l'ambition pouvait le porter – tant et si bien qu'il réussit à séduire le duc d'Orléans: «*insinué* de la sorte, [il] n'eut d'autre étude que de se conserver bien par tous moyens avec son maître» (pp. 327–328) (24).

Ce portrait de Dubois, intercalé parmi les événements de l'année 1723, remonte à un premier, de 1715, de substance et de portée identiques, mais dans lequel l'image des ondoiements souterrains du futur cardinal tient une place de choix: «L'abbé Dubois était un petit homme maigre, effilé, chafouin, à perruque blonde, à mine de fouine, à physionomie d'esprit, qui était en plein ce qu'un mauvais français appelle un sacre, mais qui ne se peut guères exprimer autrement» (IV, 704). Dès la première phrase, Saint-Simon nous affronte à une personnalité dont la noirceur indicible évoque comme description approximative la double image de *chafouin/ fouine-sacre*. Dans cette tentative d'expression métaphorique du train de vie de son personnage, c'est le petit prédateur nocturne qui finit par prendre le dessus:

> Il excellait en basses *intrigues;* il ne pouvait s'en passer, mais toujours avec un but où toutes ses *démarches* tendaient, avec une patience qui n'avait de terme que le succès ou la démonstration réitérée de n'y pouvoir arriver, à moins que, *cheminant* ainsi dans la *profondeur et les ténèbres,* il ne vit jour à mieux en ouvrant un autre *boyau.* Il passait ainsi sa vie dans les *sapes.*

Ce qui engage à fond l'imagination de Saint-Simon, ce sont les formes diverses dont Dubois se revêt et la force soutenue qu'il déploie pour frayer ce chemin qui doit le conduire à sa «monstrueuse grandeur» (VII, 329). Cette image composite où la fouine fusionne avec le furet (cf. p. 327), ainsi qu'avec une espèce de taupe-parasite-termite familier des noires régions souterraines (*profondeur, ténèbres, boyau, sapes*), témoigne de la véritable activité menée par ce monstre qui, au niveau de son comportement social, n'aurait exhibé que la simple «envie de plaire et de s'*insinuer*» (IV, 705). Par une logique sémantique interne, cet animal qui passait sa vie «cheminant... dans la profondeur et les *ténèbres*», se montre «maître expert aux compositions des plus grandes *noirceurs*, effronté à faire peur étant pris sur le fait, désirant tout, enviant tout, et voulant toutes les dépouilles». L'essence de Dubois dans la peinture de Saint-Simon se réduit à un mouvement infatigable, grouillant, pullulant, déployé au service d'appétits voraces et insatiables, d'une gloutonnerie ennemie de toutes limites et de toutes contraintes:

> On connut après, dès qu'il osa ne se plus *contraindre, à quel point* il était intéréssé, débauché, inconséquent, ignorant en *toute* affaire, *passionné toujours, emporté,* blasphémateur et *fou*, et jusqu'à *quel point* il méprisa publiquement son maître et l'État, le monde *sans exception* et les affaires, pour les sacrifier *à soi. tous et toutes, à son* crédit, à *sa* puissance, à *son* autorité absolue à *sa* grandeur à *son* avarice, à *ses* frayeurs, à *ses* vengeances. *Tel fut* le sage à qui Monsieur confia les mœurs de son fils unique à former... (p. 705).

Cette fin de portrait incorpore dans le torrent de son invective l'image liminaire d'une volonté impétueuse (*passionné toujours, emporté, fou*), se donnant libre essor. Dans la phrase pénultième, l'expression *sacrifier à soi tous et toutes,* appuyée d'un entassement chaotique d'adjectifs possessifs (*à son crédit... à ses vengeances*), traduit au niveau du lexique et de la syntaxe le déchaînement d'un moi, réduit à son essence de mobilité appétitive, dont la prose quelque peu frénétique de Saint-Simon s'évertue à connoter tout l'élan et toute l'étendue. Et pourtant, à en juger par ses deux emplois précédents d'*à quel point,* on dirait qu'il désespère d'arriver à faire concevoir ou l'échelle à laquelle Dubois poursuivit ses ravages ou les limites de cynisme et de puissance auxquelles il parvint. *Tel fut le sage...* Avec ce dernier mot, le décalage entre la réussite de Dubois et sa méchanceté foncière ressort en pleine lumière, ainsi que l'étonnement résigné qu'une telle antinomie doit inspirer:

«la monstrueuse grandeur» et la «prodigieuse fortune» de Dubois (VII, 326, 329) finissent par laisser l'esprit humain dans l'impuissance à les penser et le langage humain dans l'incapacité à les décrire (25).

IV

En passant du portrait de Dubois à celui du duc de Noailles (III, 1119–23), l'on se demande si, à leurs noms et qualités près, on n'est pas toujours en présence du même personnage. Egoïste, ambitieux, rapace, dissimulateur et réussi, le duc et pair à l'instar du cardinal – et les deux de la même manière que Villars et Harcourt – réunit tous les vices et comble tous ses vœux. Bien que sa manière soit plus nuancée, et que sa trompeuse «écorce» soit plus difficile à pénétrer, Noailles fait preuve du même dynamisme totalisant que les autres.

Dans ce portrait, tous les éléments, même les plus disparates en apparence, finissent tôt ou tard par se recouper et se réunir dans un parfait enchevêtrement. Reflet fidèle du *modus movendi* de Noailles, le portrait lui-même présente, à qui voudrait en disséquer le foisonnant détail, une véritable trame serpentine toute sienne. Les mots les plus simples, comme les images les plus élaborées, déteignant et influant les uns sur les autres, se dérobent à tout effort d'analyse qui ne soit que linéaire ou logique.

Pour se mettre de plain pied avec ce qui se passe dans ces quelques pages, l'on est obligé d'en épouser les modalités, de se prêter à ses ondoiements philologiques souterrains. Dans les répétitions innombrables du mot *tout*, par exemple, il faut voir la métaphore soutenue d'une *ex-tension* et d'une *com-préhension* quasiment infinies, dont l'*aisance* et la *souplesse* sont la charnière. (*On a rarement vu... plus d'art et de souplesse; Tout à tous, avec une aisance surprenante; une perfidie aisée et naturelle*) Et pourtant, si Noailles est *un homme qui s'étend à tout*, s'il dispose *d'une imagination... qui embrasse tout*, c'est aussi que sa *fertilité* et sa *fécondité*, de concert avec l'extrême élasticité de ses démarches, lui prêtent une rare capacité à se renouveler en faisant constamment *naître* et *grossir* les projets de son ambition (26). Car cette carrière se poursuit comme une plante qui croît, alimentée du dedans par une sève inépuisable. Dans un champ sémantique qui chevauche celui de la fécondité/croissance, l'on relève tous ces soins et attentions *qui coulent de source*, qui *se multiplient* et *se diversifient* et *ne tarissent jamais* (27). Cette poussée d'allure végétale n'éclaire pourtant, qu'une seule facette d'un dynamisme qui remonte, sous ses autres aspects, à ce que Saint-Simon appelle *la suite* de son personnage (*l'hypocrisie la plus ouverte et la plus suivie; C'est un homme qui n'a aucune suite dans l'esprit que pour les trames; suivre les plus infernales trames; ... C'est où il a beaucoup de suite*). Mais c'est une suite particulière et à résonances métaphoriques, qui ne s'accomplit qu'à des profondeurs souterraines, qui ne se traduit en actions que par *reploiements* et par *croisières* [il] *se reploie prestement comme les serpents; une imagination... qui sans cesse se croise elle-même; l'obliquité de tous les desseins..., les croisières qu'ils se font les uns les autres; mouvements... à contre-temps, ... des marches et des contre-marches..., des contre-ordres... pour marcher et ne marcher pas*). Cette image d'une motion vacillante et sinueuse, sur laquelle se greffe la métaphore explicite du *serpent*, marque un carrefour sémantique où la *souplesse* de Noailles rejoint sa *bassesse* pour faire cause commune avec elle (28). Cette activité démoniaque se déroule dans les bas-fonds d'un enfer mythique (*Tant d'appâts, ... cachent... les monstres que les poètes ont feint dans le Tartare: une profondeur d'abîme; l'ambition... lui fait tramer ce qu'il y a de plus noir, de plus profond*); *les infernales trames* sont la forme qu'elle assume (29).

Tout en sachant à quel point le langage de Saint-Simon résiste à la paraphrase, on serait tenté de résumer l'essence métaphorique de Noailles en ces termes: Noailles *est* un monstre/serpent, d'une flexibilité et d'une énergie protéennes, qui s'insinue par des voies diaboliques, qui se glisse jusque dans les recoins les plus refoulés d'un vaste territoire qu'il finit par occuper dans sa totalité. De par ses sinuosités caracté- rielles il est la contradiction même de la droiture; de par son mouvement perpétuel, il est l'ennemi personnifié de la stabilité; de par sa profondeur infernale, il est la négation incarnée de l'ouverture et de la franchise, de la sincérité et de la lumière; de par la confusion et l'enchevêtrement de ses trames, il est l'emblème du désordre et le principe du chaos (30).

V

Le vocabulaire descriptif dont nous nous servons d'habitude, sans y penser, pour par ler de notre manière d'être implique une stabilité et une fixité notoirement absentes des démarches vitales de l'engeance des Harcourt et des Noailles. Les mots de «*con*-duite,» de «*com*-portement» et de «*con*-tenance» suggèrent l'idée d'entreprises *co*-ordonnées, «*com*-préhensives,» régies par un principe interne ou externe d'orga- nisation. Les notions jumelles de «type» anthropologique et de «caractère» évo- quent par leur étymologie une image de traits «frappés» ou «imprimés» dans un ma- tériau propre à en saisir et à en conserver les traces et les contours comme objet de contemplation. Les résonnances picturales de «portrait», à plus forte raison, font penser à un processus de délimitation et de réduction par lequel l'artiste parvient à cerner ou à encadrer son sujet à l'intérieur d'un espace clos. A force d'enregistrer les dimensions, les traits et les couleurs essentiels de son modèle, le portraitiste le dessine et le représente; il en dégage le «dessein», il établit le «pattern» inhérent à sa manière d'être; il *fixe* son personnage. Com-prendre la mentalité et le comporte- ment d'un individu revient à le saisir sur le vif, en lui trouvant un principe de con- sistance et une forme, en le renfermant entre les bornes d'une structure.

Villars, Harcourt, Dubois et Noailles, en revanche, partagent cette particularité: la structure de leur personnalité consiste justement à ne pas en avoir; la seule forme à laquelle ces personnages prodigieux, monstrueux semblent obéir est une forme in- forme. Ces hommes qui s'étendent à tout et s'insinuent partout, débordent tous les cadres, dépassent toutes les limites. Doués d'une mobilité caractérielle qui ne s'ar- rête pour rien, ils puisent leur essence vitale dans une liberté, une ouverture et une extension infinies (31). Le dynamisme totalisant de ces carrières constitue, dans la vision que Saint-Simon nous en procure, la dégénération flagrante de l'ordre et la métaphore par excellence du Mal (32).

«Le mal est aisé», disait Pascal, «il y en a une infinité; le bien presque unique» (Brunsch., no. 408). A en juger par le nombre excessivement restreint de ses héros, Saint-Simon aurait sans doute souscrit à la vérité de cette maxime. Toutefois, les quelques personnages qu'il admirait — parfois jusqu'à l'idolâtrie — étaient restreints non seulement en nombre, mais aussi en caractère. Car les héros de Saint-Simon se détachent de la bande de ses bêtes noires dynamiques surtout par ce qu'ont leurs personnalités de structuré et de statique. Lorsqu'il nous parle de Lorge, de Beauvil- lier ou du duc de Bourgogne, c'est pour nous peindre des comportements, droits, directs, mesurés, inamovibles, stables, attentifs, appliqués, concertés, retenus, renfermés, contraints. Au sein de l'austère anthropologie de Saint-Simon, le défoulement en Mal est exactement contre-balancé par le refoulement en Bien.

Le duc de Lorge, futur beau-père de Saint-Simon, avait refusé de briguer son bâton de maréchal à force de démarches auprès de Louvois: « [il] ne l'avait pas voulu aller voir» (II, 122). Mais il l'eut quand même, sans bouger de ses principes ou de sa place: «Alors il fallut changer de résolution et *se livrer* à la fortune.» Ayant reçu le bâton presque à son corps défendant, il consentit par la suite, à contre-cœur sinon avec répugnance, au mariage avantageux que son nouvel état lui imposait: «Il fallait un équipage, et de quoi soutenir une dépense convenable et pressée: cette nécessité *le fit résoudre* à un mariage étrangement inégal, mais dans lequel il trouviat les ressources dont il ne se pouvait passer pour le présent, et *pour fonder une maison.*» A l'encontre de Villars, cet «enfant de la fortune,» propulsé à la poursuite des avantages par «une effronterie qui soutenait tout et ne s'arrêtait pour rien» (p. 111), le duc de Lorge se soumet aux avancements, et s'incline devant la nécessité de s'enrichir. Car sa nature, telle que son gendre nous la peint, est foncièrement rebelle au mouvement. S'il se livre à la fortune, c'est dans un but de stabilité et de permanence accrues, c'est «pour *fonder* une maison», pour construire et promulguer un ordre. «Il trouva de plus dans ce mariage une femme *adroite* pour la cour et pour ses *manèges,* qui suppléa à *la roideur de sa rectitude,* et qui, avec une politesse qui montrait qu'elle n'oubliait point *ce qu'elle était née,* joignait une dignité qui présentait le souvenir de *ce qu'elle était devenue.*» Tout dans ce mariage et dans la maison qu'il fut appelé à fonder respirait l'ordre, la netteté, la distinction, la clarté. La différence entre le rang des deux époux reste marquée, appuyée; tout y est à sa place. Les adresses et les manigances de cour, convenables à la naissance inférieure de la duchesse, sont strictement exclues par la droiture du duc et pair. Lorge trouva l'art de se mésallier sans pour autant s'abaisser ou se mélanger; il sut pratiquer la mobilité sociale sans se départir d'un pouce de sa parfaite immobilité morale. «La roideur de sa rectitude», ennemie des *bassesses* et des *souplesses,* resta indemne. Son épouse, de son côté, avait l'art de «tenir une maison magnifique…, et avec cela, le savoir-faire de n'y souffrir ni *mélange,* ni de ces commodités qui déshonorent les meilleures maisons, sans toutefois cesser de rendre la sienne aimable, par le respect et la plus *étroite* bienséance qu'elle y sut toujours *maintenir* et mêler avec la liberté. Incontinent après ce mariage, M. le Maréchal de Lorge en sentit la salutaire utilité. La fortune, qui l'avait tant fait attendre, sembla lui en vouloir payer l'intérêt» (p. 123). Une telle constance dans la politesse, la distinction, la bienséance, la tenue, le respect et la droiture, et qui alla jusqu'à ranger la fortune elle-même sous sa loi, avait bien de quoi attirer le duc de Saint-Simon en quête d'une épouse.

Chez le duc de Lorge, tout se tient et se contient: «jamais un plus honnête homme, plus droit, plus égal, plus uni, plus simple» (p. 127). Aux antipodes des complexités, des contradictions, de la fluidité serpentine des bêtes noires de Saint-Simon, son beau-père «était *le plus grand sens d'homme* et *le plus droit* qu'il fût possible». Dans ce portrait de saint, comme dans ses portraits de monstres, Saint-Simon s'épuise en superlatifs; mais, ici, ils signalent l'extrême limite de la sustension, de la linéarité, de la stase: «avec une *hauteur* naturelle, qui ne se faisait jamais sentir qu'à propos, mais que nulle considération aussi n'en pouvait *rien rabattre,* il dédaignait les routes les plus utiles, si elles n'étaient frayées par l'honneur le plus délicat et la vertu la plus épurée.» Sa *hauteur,* raide et inébranlable comme sa *rectitude,* marque le refus de cette *bassesse* requise pour emprunter les chemins ordinaires de l'avancement;

il ignore «l'enchantement des voies détournées,» que Noailles pratiquait d'instinct (V, 230). Lorge se promeut sans pourtant se mouvoir. A la guerre, sa valeur est «tranquille», «ses projets *concertés* et démontrés»; à «une facilité extrême à manier des troupes», il joint «toute la prévoyance et la combinaison de ses mouvements avec ses subsistances. Jamais, avec lui de gardes *superflues,* de marches *embarrassées,* d'ordres *confus.* Il avait la science de se savoir *déployer avec justesse.*» Juché sur son éminence, le maréchal de Lorge domine les événements, comme il se domine lui-même; il préside sur le mouvement de ses troupes comme il veille sur les déplacements tant moraux que physiques de sa personne. «J'ai ouï dire merveilles, à ceux qui l'ont vu dans les actions, du *flegme* sans lenteur de ses dispositions, de la justesse de son coup d'œil, et de sa *diligence* à se porter et à remédier à tout.» Lorge apporte au déploiement de ses troupes la même retenue, la même répugnance cautionneuse, dont il avait fait preuve dans l'avancement de sa fortune.

En beaux-pères Saint-Simon avait le goût difficile, pour ne pas dire exquis. Les riches dots étaient partout disponibles, mais il fut conquis par la raideur de Lorge, qui répondait en tout point à la sienne: «Les millions ne pouvaient me tenter d'une mésalliance, ni la mode, ni mes besoins me résoudre à m'y *ployer*» (I, 114). Le fait est, pourtant, que son premier choix s'était porté sur le duc de Beauvillier dont toutes les filles en âge de se marier, contrefaites ou dévotes, se destinèrent par malheur au couvent. Cependant, c'était au duc lui-même — «qui était pour [lui] toutes choses en tout genre» (III, 38) — qu'il avait tant tenu à se joindre: «c'était lui qui m'avait charmé et que je voulais épouser, avec Mme de Beauvillier» (I, 116). Ce qui l'attirait chez le duc, c'était l'odeur de sainteté qu'il exhalait, qui saturait tout son être; c'était l'auréole de piété qui le cernait tout entier. Son aspect physique, son expression habituelle, annonce déjà les contours de son caractère et l'essence morale qu'il renferme: «Il était *grand,* fort *maigre,* le visage *long* et coloré, un fort grand nez *aquilin,* la bouche *enfoncée,* des *yeux d'esprit* et perçants, le sourire agréable, l'air fort doux mais ordinairement fort sérieux et *concentré*» (IV, 393). Dans ce début de portrait tout pointe déjà vers le dedans: la maigreur de Beauvillier, son nez aquilin, l'enfoncement de sa bouche, ses yeux d'esprit sont les marques visibles d'une contraction et d'une intériorité caractérielles, constatée et confirmée par l'air *concentré* sur lequel Saint-Simon appuie en arrondissant sa phrase liminaire. Et ce repliement sur soi, cette sévère contenance fournit la clé du personnage. La fermeture de Beauvillier avait par ailleurs quelque chose de compensatoire: «Il était né vif, bouillant, emporté, aimant tous les plaisirs.» Et c'est sans doute par réaction à sa première nature que ses vertus acquises semblent toucher à l'étroit et à l'étriqué: «le sens *extrêmement droit,* une grande justesse, souvent trop de *précision*». Maître de lui-même, dominant les choses de haut et de loin, il savait exercer «une prévoyance qui *s'élendait vastement,* mais *sans s'égarer.*» Il ne montrait ni ne cachait sa dévotion «mais veillant toutefois ses domestiques, peut-être de trop près», il ne laissait pas pour autant d'en faire ressentir la présence contraignante (33).

Dans la vie publique, Beauvillier était «sincèrement humble sans préjudice de ce qu'il devait à *ce qu'il était,* et si *détaché de tout,* ... que je ne crois pas que les plus saints moines l'aient été davantage». A l'instar du duc de Lorge, promu maréchal à son corps défendant, «Beauvillier devint gouverneur des enfants de France, sans y avoir pensé, comme malgré lui» (I, 257). De la part de Beauvillier, le détachement par rapport au monde est une fonction directe de son attachement à *ce qu'il était:* à son état et son essence ducaux (34). S'il était «vraiment magnifique en tout», ce ne fut guère pour satisfaire à des exigences ou à des pressions externes, mais «parce qu'il estimait que cela était *de son état*» (IV, 393). Ce caractère tendait vers un seul but: la réalisation de soi, non pas par extension dans le monde, mais par attention à une intériorité chrétienne qu'il voulait et qu'il avait inclusive:

> Sa charité pour le prochain le *resserrait* dans des *entraves* qui le *raccourcissaient* par la *contrainte* de ses lèvres, de ses oreilles, de ses pensées... Le ministère, la politique, la *crainte* trop grande du Roi augmentèrent encore cette *attention* continuelle sur lui-même, d'où naissait un *contraint*, un *concentré*, dirais-je même un *pincé*, qui *éloignait* de lui, et un goût de *particulier* très *resserré*, et de *solitude* qui convenait peu à ses emplois, qui l'*isolait*, qui... lui faisait un *désert* de la cour, et lui laissait ignorer tout ce qui n'était pas les affaires où ses emplois l'*engageaient nécessairement*. On a vu où cela pensa le précipiter plus d'une fois sans la moindre altération de *la paix de son âme*, ni la plus légère tentation de *s'élargir* là-dessus... Sa *crainte* du Roi, celle de *se commettre*, ses prévisions, *engourdissaient* trop son désir de servir ses amis (pp. 393–394).

En Beauvillier Saint-Simon nous convie à voir une contenance et une retraite, une personnalité *resserrée, engourdie*, vouée à un détachement et un éloignement statiques. Cerné, circonscrit par la bande de fer de ses principes et de sa piété, ce duc traduit par sa mine comme dans son for intérieur ce que Saint-Simon appelle son *enfermerie* (III, 997) (35). En Beauvillier Saint-Simon nous présente la contrepartie et le contre-portrait d'Harcourt et de Noailles. Aux défoulements de ces courtisans saillants et comblants, il oppose le refoulement d'un duc renfermé dans les devoirs de son état et d'un chrétien immobilisé dans les *entraves* de sa charité.

L'*enfermerie* de Beauvillier, tout agaçante qu'elle dut être pour Saint-Simon dans la vie pratique, eut pourtant un effet particulièrement salubre. Car elle était le signe d'une essence morale qu'il finit par inculquer à son pupille, le duc de Bourgogne. Arrivé à sa maturité, ce jeune prince ressemblait à Beauvillier d'aussi près que lui au duc de Lorge. A ses débuts, toutefois, il avait montré des dispositions dangereusement similaires à celles qui caractérisaient la famille spirituelle des Dubois et des Noailles:

> Ce prince, ... naquit terrible, et sa première jeunesse fit trembler. Dur et colère jusqu'aux derniers emportements, et jusque contre les choses inanimées; impétueux avec fureur, incapable de souffrir la moindre résistance, même des heures et des éléments, sans entrer en des fougues à faire craindre que tout ne se rompît dans son corps; opiniâtre à l'excès; passionné pour toute espèce de volupté, et des femmes... Il n'aimait pas moins le vin, la bonne chère, la chasse avec fureur, la musique avec une sorte de ravissement, et le jeu encore, où il ne pouvait supporter d'être vaincu, et où le danger avec lui était extrême. Enfin, livré à toutes les passions et transporté de tous les plaisirs... De la hauteur des cieux il ne regardait les hommes que comme des atomes avec qui il n'avait aucune ressemblance, quels qu'ils fussent. A peine Messieurs ses frères lui paraissaient-ils intermédiaires entre lui et le genre humain... L'esprit, la pénétration brillaient en lui de toutes parts; jusque dans ses furies ses raisonnements tendaient toujours au juste et au profond, même dans ses emportements... L'étendue et la vivacité de son esprit étaient prodigieuses et l'empêchaient de s'appliquer à une seule chose à la fois, jusqu'à l'en rendre incapable (III, 1171).

La jeunesse du duc de Bourgogne respirait le défoulement de quelque Noailles potentiel. Démon en puissance, constamment hors de lui, n'obéissant qu'aux pulsions de son moi, il poursuivait les mouvements les plus indisciplinés de son âme.

Sous la tutelle providentielle de Beauvillier, le dynamisme passionnel du Dauphin fut transformé en son contraire: «Dieu, qui est le maître des cœurs, ... fit de ce prince un ouvrage de sa droite, et, entre dix-huit et vingt ans, il accomplit son œuvre» (p. 1173). Ce n'est sans doute pas le fait du hasard si l'influence divine opéra sur le Dauphin les mêmes effets que, préalablement, sur son gouverneur (cf. IV, 393: «né vif, bouillant, emporté, aimant tous les plaisirs»): «De cet abîme sortit un prince affable, doux, humain, modéré, patient, modeste, pénitent, et autant, et quelquefois *au-delà* de ce que son état pouvait comporter, *humble et austère* pour soi» (p. 1173). A la suite de ce «miracle», de cet «incroyable changement» (p. 497), le Dauphin ne se contenta pas de corriger ses défauts; il poussa le refoulement de son moi aux mêmes extrêmes où s'était dirigé son défoulement antérieur. Après une jeunesse passée hors de lui, sa majorité fut marquée par une *enfermerie* digne de son tuteur. On le voit d'ores et déjà «tout *appliqué* à ses devoirs», absorbé «dans la prière, et... en pieuses lectures,» cherchant à s'instruire «des choses de son *état*,» et de «la *bienséance* d'un *rang* destiné à régner»; «la dévotion et l'appréhension de sa faiblesse pour les plaisirs le rendirent d'abord *sauvage*. La *vigilance* sur lui-même, à qui il ne passait *rien*, ... le *renferma* dans son cabinet comme dans un *asile impénétrable* aux occasions» (p. 1173). A l'instar de son mentor, le duc de Bourgogne vit dans une répression de soi qui fait œuvre commune avec son refoulement du monde.

Saint-Simon ne semble être jamais revenu de cet «incroyable changement,» de ce «prodige» qui transforma «tant et de si redoutables défauts en vertus parfaitement contraires» (p. 522). Encore comme dans le cas de Beauvillier, Saint-Simon accuse, cependant, les inconvénients comportés par les vertus nouvellement acquises du Dauphin. Ce qu'il admirait chez le chrétien, il le craignait en celui qui se destinait à gouverner. Il réprouvait en particulier «cet *esclavage* de charité du prochain, si on ose hasarder ce terme,» «une timidité qui l'*embarrassait* partout,» «cette *gêne* perpétuelle [qui] le mettait de travers,» qui «le jeta dans *ce particulier sans bornes,* parce qu'il ne se trouvait en liberté que *seul*» (pp. 522–523); le «peu de discernement» qui «le faisait *excéder* dans le contre-pied de ses défauts, et lui inspirait *une austérité qu'il outrait en tout,* et qui lui donnait un air *contraint,* et souvent, sans s'en apercevoir, de censeur». Une fois, le Dauphin «mit le Roi hors des gonds» par son refus d'assister à un bal prévu pour la soirée de l'Épiphanie: «Mme la duchesse de Bourgogne, ses dames, M. de Beauvillier même, jamais on n'en put venir à bout: il *se renferma* à dire que le Roi était le maître... mais que, l'Épiphanie étant une triple fête, ... il ne croyait pas la devoir profaner *en se détournant de l'application* qu'il devait à un si saint jour...: tout fut inutile, et, hors le temps de souper avec le Roi, il fut *enfermé* tout le soir *seul* dans son cabinet.» Pour Saint-Simon, cette recherche de la solitude est à la fois un fait spécifique, qu'il souligne comme geste typique de son personnage, et l'indice d'une essence psychologique qui déteignait sur son comportement d'une manière générale et qui le définissait aux yeux du monde: «Avec cette *austérité,* il avait conservé de son éducation une *précision* et un *littéral* qui se répandait sur *tout,* et qui gênait lui et tout le monde avec lui, parmi lequel il était toujours comme *un homme en peine*». Le Dauphin, si renfermé et si réprimé, avait pourtant son exutoire, un seul: «Le jeune prince était passionnément amoureux de Mme la duchesse de Bourgogne; il s'y livrait en homme *sévèrement retenu* sur toute autre [chose]» (pp. 523–524). Il se défoulait... dans la monogamie.

Au duc de Bourgogne revient la place de choix dans cette famille d'esprits que Roger Judrin a baptisé du nom de «brebis,» alors que Villars, Harcourt, Dubois et Noailles appartiennent au clan bien plus nombreux des «boucs,» parmi lesquels Saint-Simon ne voyait de plus voluptueux, de plus effréné, de plus rapace, de plus puant que le duc de Vendôme (36). Or, le destin, secondé par la naïve politique de Beauvillier, voulut que la plus tendre des brebis fût confinée dans un même pâturage avec le plus féroce de tous les boucs dans la ménagerie de Saint-Simon. Selon Beauvillier, il fallait indispensablement mettre le duc de Bourgogne à la tête des armées en Flandres où Vendôme tenait la commande; selon Saint-Simon, une telle démarche ne saurait rien produire sinon «la perte de Mgr le duc de Bourgogne» (II, 1015). Pour juger du bien-fondé de ses objections «il n'y avait qu'à connaître ces deux hommes...; le feu et l'eau n'étaient pas plus incompatibles que l'étaient Mgr le duc de Bourgogne et M. de Vendôme»:

> ... l'un, dévot, timide, mesuré à l'excès, renfermé, raisonnant, pesant et compassant toutes choses, ... simple, retenu, considéré, ... quelquefois incertain, ordinairement distrait, et trop porté aux minuties; l'autre au contraire, hardi, audacieux, avantageux, impudent, méprisant tout, abondant en son sens..., incapable de contrainte, de retenue, de respect, surtout de joug, orgueilleux au comble en toutes les sortes de genres, ... hors d'espérance de pouvoir être ramené sur rien, accoutumé à régner, ... toujours singulier dans ses avis, et fort souvent étrange, impatient à l'excès de plus grand que lui...; ... avec un front d'airain qui ose tout, qui entreprend tout, qui soutient tout, à qui l'expérience de l'état où il s'est élevé par cette voie confirme qu'il peut tout, et que, pour lui, il n'est rien qui soit à craindre; que cette ébauche de portrait de ces deux hommes était incontestable...; que, cela étant ainsi, il était impossible qu'ils ne se brouillassent, ... que le plus fort ne perdît le plus faible, et que ce plus fort serait Vendôme, que nul frein, nulle crainte ne retiendrait, et qui, avec sa cabale, perdrait le jeune prince, et le perdrait sans retour; que le vice, incompatible avec la vertu, rendrait la vertu méprisable sur ce théâtre de vices; que l'expérience accablerait la jeunesse, que la hardiesse dompterait la timidité...; que le génie avantageux, audacieux, saisirait tout; que les artifices soutiendraient tout; que l'armée... abandonnerait en foule celui dont rien n'était... à craindre, pour s'attacher à celui dont l'audace serait sans bornes, et dont la crainte avait tenu glacée toute l'encre d'Italie tant qu'il y avait été (p. 1016).

Tout se passa exactement selon les prévisions de Saint-Simon. Les audaces et les insultes de Vendôme ne firent qu'augmenter la retenue et la retraite du Dauphin; les défoulements de l'un eurent facilement raison du refoulement de l'autre. Face aux «procédés audacieux que Vendôme avait affectés avec lui» (p. 1126), le Dauphin se réfugia, pour ne plus en sortir, dans une clôture encore plus contrainte et contraignante que de coutume: «Sa sagesse le rendait défiant de soi-même, et sa dévotion extrême, ... le *rapetissait* et l'*étrécissait*... L'*embarras* où il se trouva changea l'extérieur, qui jusqu'alors avait tant plu à l'armée; il *se renferma* dans son cabinet à écrire de longues lettres, il se rendit *peu visible*»; ce qu'il apprenait de la cour, où la cabale de Vendôme triomphait, «le *resserra* de plus en plus, et le *plongea* dans une amertume qui fut visible» (pp. 1126–1127).

La confrontation de Vendôme et du duc de Bourgogne illustre avec une grande clarté les données fondamentales de l'anthropologie de Saint-Simon (37). Chacun de ces hommes incarne une structure de personnalité et une essence vitale exemplaires et antithétiques: l'expansion et la contrainte, l'extension et la retraite, l'ouverture et la clôture, le mouvant et le stationnaire. A mesure que l'un se propulse plus loin et plus haut, repoussant les bornes de ses désirs, élargissant le champ de son action, étendant l'échelle de ses réussites, l'autre, réduisant peu à peu l'aire de son activité, se retranche dans un isolement, un *particulier* toujours plus grand et plus étanche et s'immobilise à la fin dans le pauvre espace compris entre les murs de son cabinet, l'équivalent spatial de sa fermeture caractérielle.

Si ces deux structures de personnalité marquent les pôles de l'anthropologie de Saint-Simon, leur rencontre constitue un événement et dégage une signification exemplaires dans ce qu'il faut appeler sa sociologie. Le processus transactionnel qui opère l'amoindrissement du Dauphin en fonction de l'agrandissement de Vendôme, nous livre une vaste et profonde allégorie où Vendôme et le jeune prince symbolisent le Bien et le Mal mêmes, où la lutte qui les oppose récapitule la crise majeure de la civilisation louisquatorzienne (38). «Le vice, incompatible avec la vertu, rendrait la vertu méprisable sur ce théâtre de vices» (p. 1016). Si le triomphe éventuel du Mal sur le Bien était un fait acquis, si l'échec de la Vertu était assuré d'avance, c'est que aux yeux de Saint-Simon, le monde où cette épreuve devait avoir lieu paraissait organisé d'une manière telle à rendre toute autre issue impossible et impensable (39). La victoire remportée par Vendôme sur le Dauphin, dramatise la vision d'un monde livré à ce qui s'appelle, dans la langue de Saint-Simon, la *confusion:* l'agrandissement du néant s'accomplissant par l'anéantissement de la grandeur. L'image du duc de Bourgogne, rapetissé, étréci, claquemuré dans son cabinet, est la figure d'une annihilation politique et morale généralisée qui était pour Saint-Simon l'œuvre principale du règne de Louis XIV: la nullification de la légitimité effectuée par la mise en valeur de la bâtardise.

En plus de deux formes de caractère, de deux principes de vie, Vendôme et le Dauphin illustrent la qualité et le sort de deux naissances. Dans le monde à l'envers décrit par les *Mémoires,* la bâtardise de Vendôme suffit tout seul à expliquer l'énormité de sa faveur auprès du Roi et l'envergure de ses réussites. Ses succès militaires, au dire de Saint-Simon, furent dérisoires; les rapports qu'il renvoyait du front «ne satisfaisaient que [le] Roi, par le mérite de sa naissance et les soins attentifs de M. du Maine, et, par lui de Mme de Maintenon» (II, 208). Général exécrable, Vendôme était «surtout admirable courtisan, et qui sut tirer avantage jusque de ses plus grands vices à l'abri du faible du Roi pour sa naissance» (p. 573). La cabale bâtarde parvint finalement à faire mettre sous les ordres de Vendôme tous les maréchaux de France «et de cette sorte, sans patente, M. de Vendôme, quoique sans mention de sa naissance, fut mis en parfait niveau avec les princes du sang» (p. 647). Cette abomination s'explique par une simple évidence: le Roi avait décidé «de la manière dont il vivrait avec M. de Vendôme, duquel la naissance lui était plus chère que les rangs de son royaume» (p. 649) (40).

A titre de personnage allégorique le Dauphin ne représente pas seulement un principe abstrait de légitimité; par son attitude compassée, par la fixité de ses valeurs morales et religieuses, par son caractère inamovible et sa retraite stationnaire, il personnifie un statut, un état, un bloc de résistances à l'anéantissement des rangs, des distinctions naturelles qui relèvent à leur tour de faits inexpugnables de naissance.

Dans son éloge du duc de Bourgogne Saint-Simon fait voir les liens qui rattachent son portrait de l'homme à sa critique et à sa vision politiques:

> Jamais homme si amoureux de l'*ordre*, ni qui le connût mieux, ni si désireux de le rétablir en tout, d'ôter la *confusion,* et de mettre gens et choses *en leur place;* ... de rendre à l'âge, au mérite, à la naissance, au rang, la *distinction* propre à chacune de ces choses, et de la marquer en toutes occasions... L'*anéantissement* de la noblesse lui était odieux, et son *égalité* entre elle insupportable. Cette dernière nouveauté, ... qui *confondait* le noble avec le gentilhomme, et ceux-ci avec les seigneurs, lui paraissaient la dernière injustice, et ce *défaut de gradation* une cause prochaine et destructive d'un royaume tout militaire. Il se souvenait qu'il n'avait dû son salut, dans ses plus grands périls, ... qu'à cette noblesse qui se connaissait et se tenait dans les *bornes* de ses *différences* réciproques, ... sans *embarras* et sans *confusion,* parce qu'aucun n'était *sorti de son état* et ne faisait difficulté d'obéir à plus grand que soi... [I]l était touché jusqu'au plus profond du cœur de la ruine de la noblesse, des voies prises et toujours continuées pour l'y réduire et l'y tenir, l'*abâtardissement* que la misère et le *mélange* du sang, par les continuelles mésalliances nécessaires pour avoir du pain, avaient établi dans les courages et pour valeur, et pour vertu, et pour sentiments. Il était indigné de voir cette noblesse française si célèbre, si illustre, devenue un peuple presque de la même sorte que le peuple même... (III, 1180–1181).

Au niveau superficiel de son contenu idéologique, cet éloge traduit, si l'on veut, l'amertume et les revendications d'un petit duc et pair lésé. Mais au niveau profond de son langage, et à titre de re-présentation littéraire, ce passage peint un monde idéal. Sous la plume de Saint-Simon, les concepts de *rang,* d'*ordre,* d'*état,* de *différence* et de *distinction* assument, par leur force cumulative, les dimensions d'une métaphore de fixité et de stase. Selon le préjugé nobiliaire de Saint-Simon, la naissance est une essence, un principe naturel, à la fois biologique et moral, de distinction. Car pour lui la généalogie assure la réalisation de la téléologie implicite dans la copulation (41). A ses yeux, même cet acte primordial de passion détient un contenu spirituel en tant qu'événement historique, s'élaborant en dehors de toute intervention de l'arbitraire et porteur d'une valeur et d'une répercussion politique prévisibles. A partir de la condition et de la qualité vérifiables des naissances, les rangs, les états et les ordres s'échelonnent de façon hiérarchique et s'immobilisent, une fois pour toutes, dans un système de rapports précis et fixes, sans aucune possibilité de passage entre eux. Au sein de cet univers statique, le mouvement, par définition, entraîne l'usurpation et la dégradation, le «défaut de gradation» qui nourrissait tous les griefs de Saint-Simon contre l'organisation militaire et politique sous Louis XIV. Dans ce système de rapports si étroits et si clairs tout attentat aux distinctions naturelles apporte la con-fusion dont la mésalliance et la bâtardise sont les signes les plus visibles. Toute la politique de Saint-Simon reposait sur la nécessité de faire succéder à Louis XIV un monarque capable «d'*ôter la confusion,* et de mettre gens et choses *en leur place,*» d'arrêter la course aux honneurs et aux richesses, ouvertes à tout venant, en dépit d'états et de rangs enracinés dans la nature/naissance et consacrés par l'histoire. Le rétablissement de l'ordre dépend, donc, de la réimposition d'une stase sur une mobilité sociale qui, depuis le ministère de Mazarin, se poursuit en plein défoulement à toutes les couches de l'État.

Dans la perspective politique de Saint-Simon l'État, en tant que collocation des états «généraux» et particuliers, est, par définition, statique. Voilà pourquoi il pouvait et devait voir «dégénération, où historiquement, nous ne voyons que du mouvement» (42). Le premier de ces mouvements/déchéances fut celui par lequel les domestiques du Roi purent monter jusqu'au comble de la puissance. Dans la phrase suivante les deux emplois de *de là,* joints à la succession d'adverbes temporels, marquent les étapes de cette arrivée:

> *De là* les secrétaires d'État et les ministres *successivement* à quitter le manteau, *puis* le rabat, *après* l'habit noir, *ensuite* l'uni, le simple, le modeste, *enfin* à s'habiller comme les gens de qualité; *de là* à en prendre les manières, *puis* les avantages, et par *échelons* admis à manger avec le Roi… (IV, 953).

Les rangs, avec les avantages qu'ils comportent, sont consacrés par le fait physique et naturel d'une naissance et, partant, n'admettent pas de mouvements entre eux. Le droit de porter tel habit, de s'asseoir sur tel meuble ou à telle table ne s'acquiert ni ne se retire ni se ne transfère; il appartient à une naissance et s'incorpore à un état. On n'y accède pas *successivement,* on n'arrive pas *par échelons* à la distinction de «manger avec le Roi», pas plus que l'on ne peut devenir par degrés ce qu'on n'est pas né (43). Qu'il s'agisse d'un ministre roturier à table avec le Roi ou d'un prince bâtard assis parmi les fils de France, l'immobilisme de Saint-Simon découle d'un principe politique constant et emprunte un même langage. Par un manège des plus compliqués, Vaudémont, avec «l'exquis de la cour autour de lui sur des tabourets,» sut s'affecter un siège à dos en présence de la duchesse de Bourgogne, cherchant à «s'établir ainsi la distinction que personne n'avait» (II, 842). Enhardi par le succès de sa démarche, il osa un procédé analogue chez le Dauphin. Mais, à son «grand dépit», Vaudémont, «qui ayant compté sur cet artifice pour s'établir un rang très supérieur, se vit réduit à celui de cul-de-jatte, étant assis en présence de Mgr le duc de Bourgogne debout» (p. 843).

Il est de tradition de tourner en dérision l'attention, souvent obsessive en apparence, que Saint-Simon attache aux questions de protocole et de préséance. Et pourtant, le cérémonial n'est jamais dépourvu chez lui d'un «caractère symbolique» et d'une «sémantique occulte» (44). Le siège à dos, en l'occurrence, témoigne d'un droit de naissance, d'un état et d'un standing. Dans le cas de Vaudémont, bâtard et prince étranger, les places assises usurpées symbolisaient une volonté ascensionnelle qui mettait en cause le principe même de la stabilité sociale et politique. Aux yeux de Saint-Simon, la démarche de Vaudémont n'illustrait rien de moins que «la manière dont les rangs de princes étrangers se sont établis en France, sans autre titre que de savoir tirer sur le temps et tourner en droit ce qu'ils ont introduit *peu à peu* dans les ténèbres avec adresse, et de monter ainsi *par échelons.* Il faut achever de suite ceux dont Vaudémont s'*échafauda,* pour voir le tout d'une même vue, et n'avoir plus à y revenir» (p. 844).

«Dans les plus grandes choses comme dans les petites» observait Saint-Simon dans un autre contexte, «la forme emporte le fonds» (45). Dans les gestes les plus menus comme dans les événements de la plus grande envergure, l'imagination symbolique de Saint-Simon percevait avant tout les formes que suggérait ou que revêtait l'activité humaine. Ainsi, la montée *par échelons* des ministres et les *échafaudages* sur lesquels Vaudémont se hissait au siège à dos ressortissaient à la même forme de mouvement que devait assumer l'élévation des enfants naturels du Roi, bien que ces faits appartiennent à des registres d'importance sans commune mesure entre eux. L'édit par lequel Louis XIV cherchait à légitimer ses bâtards constituait «dans leurs projets *un dernier échelon,* comme tous les précédents

'avaient été que des préparations à celui-ci, *un dernier échelon,* dis-je, pour les
porter à la couronne» (IV, 358). Pour Saint-Simon, les échelons artificiels et arbi-
traires interposés entre le «profond non-être des doubles adultérins» (p. 356) et la
couronne fournissent la métaphore paradigmatique non seulement du mouvement
illégitime, mais de l'illégitimité même de tout mouvement. Et dans cette volonté
,d'invertir les rangs» il voit le principe moteur du «malheur auquel la licence effrénée des sujets a ouvert la carrière, que le règne de Louis XIV a su courir sans obstacle jusqu'au dernier bout». Le mouvement ascensionnel des bâtards aboutit à
un «renversement général qui rend tout esclave, et qui, par le long usage de n'être
arrêté par rien, de pouvoir tout ce qu'on veut sans nul obstacle, ... accoutume
bientôt à vouloir tout ce qu'on peut» (pp. 356–357).

VI

La vision du monde de Saint-Simon s'élabore à partir d'une opposition radicale entre la *distinction* et la *confusion,* entre des états théoriquement étanches et stables
et des remuements d'individus et de groupes qui finissent par brouiller tous les cadres et révolutionner tous les ordres. Par leur naissance, les Vendômes de ce monde
sont le fruit de la con-fusion; par leurs démarches totalisantes et leurs déprédations
ininterrompues ils en sont la prolongation et le symbole vivant. La fixité du duc
de Bourgogne, en revanche, le contraint de Beauvillier et la raideur de Lorge, dans
leur comportement comme dans leurs principes, figurent une retenue, une stabilité
et une distinction antithétiques. Si, pour rendre compte de l'antagonisme *confusion/
distinction,* Saint-Simon attribue au «faible» du Roi pour la bâtardise une valeur
explicative tellement fondamentale, c'est que ce faible lui-même remonte à une adul-
tération primordiale, à une con-fusion archétypique qui s'accomplit dans le lit même du monarque:

Ce mélange du plus pur sang de nos rois... avec la boue infecte du double adultère, a donc été le constant ouvrage de toute la vie du Roi. Il a eu l'horrible satisfaction de les épuiser ensemble, et de porter au comble un mélange inouï dans
tous les siècles, après avoir été le premier de tous les hommes de toutes les nations qui ait *tiré du néant* les fruits du double adultère, et qui leur a *donné
l'être...* Tels furent les fruits d'un orgueil sans bornes, qui fit toujours regarder
au Roi avec des yeux différents ses bâtards et les princes de son sang, les enfants
issus du trône par des générations légitimes, ... et *les enfants sortis de ses amours.*
Il considéra les premiers comme *les enfants de l'État* et de la couronne, grands
par là et par eux-mêmes sans lui, tandis qu'il chérit les autres comme *les enfants
de sa personne,* qui ne pouvaient devenir, *faute d'être* par eux-mêmes, par toutes
les lois, que les ouvrages de sa puissance et de ses mains. L'orgueil et la tendresse
se réunirent en leur faveur, *le plaisir superbe de la création* l'augmenta sans cesse,
et fut sans cesse aiguillonné d'un regard de jalousie sur la *naturelle indépendance*
de la grandeur des autres sans son concours. Piqué de n'oser *égaler la nature,* il
approcha du moins ses bâtards des princes du sang par tout ce qu'il leur donna
d'abord d'établissements et de rangs. Il tâcha *ensuite* de les confondre ensemble
par des mariages inouïs, monstrueux, multipliés pour n'en faire qu'une seule et
même famille. Le fils unique de son unique frère y fut *enfin* immolé avec la plus
ouverte violence. *Après,* devenu plus hardi à force de crans redoublés, il mit une
égalité parfaite entre ses bâtards et les princes du sang. *Enfin,* prêt à mourir, il
s'abandonna à leur en donner le nom et le droit de succéder à la couronne, com-

me s'il eût pu en disposer, et faire les hommes ce qu'ils ne sont pas de naissance (IV, 1069).

Ce réquisitoire doit toute sa force à une série d'oppositions, à base d'une croyance politico-religieuse, qui met en cause les rapports ultimes entre le pouvoir et le droit les prérogatives de l'homme et celles de Dieu. Aux yeux de Saint-Simon le comportement de Louis XIV vis-à-vis des bâtards et de la bâtardise ne constituait rien de moins qu'une lèse-divinité. Dans cette politique il voyait une «apothéose,» «le renversement de toutes les lois divines et humaines,» «un attentat contre Dieu même» (IV, 810–811). L'établissement de ses enfants illégitimes et, à plus forte raison, le vœu de Louis XIV de leur assurer le droit de succession, marquait pour Saint-Simon une volonté de rivaliser avec la Nature et, de ce fait, de se mesurer à Dieu. Chez Saint-Simon, «le néant dû à la naissance illégitime» (I, 982) est un fait linguistique, biologique, et idéologique: «la monstrueuse espèce» des bâtards «ne peut être censé dans aucune sorte d'existence.» Vouloir les *tirer du néant, donner l'être* à ceux qui *faute d'être par eux-mêmes,* sont condamnés à un vide existentiel, revient à tenter une création *ex nihilo,* avec toutes les résonances théologiques que cette expression doit comporter. Ne pouvant mener à bout ce grandiose dessein, d'une réalisation par définition impossible, Louis recourut à un procédé de rapprochement graduel, explicité dans les phrases finales du long passage qui nous occupe, où une série d'ad verbes temporels – *d'abord, ensuite, enfin, Après, enfin* – a pour fonction de trace les étapes du mouvement ascensionnel *par échelons* qui permit de «*porter au comble* un mélange inouï dans tous les siècles».

Les rangs et les états n'existent et ne sont grands qu'en fonction de ceux qui y son nés. Loin de pouvoir s'assimiler à un emploi qu'un homme occupe ou détient, un état est une forme de vie, munie d'attributs historiquement et juridiquement déterminés, qui l'occupe et le renferme, lui, qui définit son essence en consacrant ses prérogatives et en limitant son champ d'activité (46). L'intention imputée par Saint Simon au Roi d'*égaler la nature,* en mettant une *égalité parfaite* entre *la naturelle indépendance de la grandeur* et le *néant* inné de la bâtardise, renvoyait à un vœu d'égalisation préalable chez le Roi lui-même, entre sa personne et son état. L'opposition appuyée entre *les enfants de l'État et de la couronne,* d'une part, et, d'autre part, *les enfants sortis de ses amours, les enfants de sa personne,* signale une violence faite par Louis d'abord à son *état* de Roi, en conséquence, à l'*État* de France Selon une vieille orthodoxie politique que Saint-Simon ne fait ici que refléter, l'état de roi, comme n'importe quel état héréditaire, enclôt un espace juridique et spiritu d'où ceux qui n'y sont pas nés sont exclus et d'où celui qui s'y trouve confiné n'es plus libre de sortir (47). La «problématique de la grandeur qui, en présence de Louis XIV, a obsédé Saint-Simon» (48) découle du fait que ce roi avait donné libre cours à sa personne et à son essence humaines de franchir les bornes posées par sa condition royale. En un mot, Saint-Simon, reproche à Louis XIV d'avoir permis à ses passions d'homme de sortir de son état par le haut à la poursuite de la toute-puissance et par le bas à la satisfaction de la concupiscence. Cette double échappée à ce qu'il était né et, donc, à ce que juridiquement il *était,* ce double vœu de grandeur accrue eut pour résultat – par une juste ironie que Saint-Simon ne se lasse jamais de savourer – de le plonger dans le tréfonds du *néant.*

Dans la vision de Saint-Simon, Mme de Maintenon figurait comme la matrice d'une contagion annihilatrice qui devait atteindre jusqu'aux derniers recoins du règne et du royaume. A ses yeux, elle était «un personnage unique dans la monarchie depuis

u'elle est connue, qui a, trente-deux ans durant, revêtu ceux de confidente, de
maîtresse, d'épouse, de ministre, et de toute-puissante, après avoir été si longuement *néant*» (IV, 1050). Comme le plus vil de ses sujets, le Roi s'était abandonné
aux bâtards et à leur gouvernante qui ne faisaient plus qu' «étreindre les chaînes
dont ils avaient su le garotter... Ce monarque si altier gémissait dans ses fers, lui
qui y avait tenu toute l'Europe» (p. 1066). Cette image du Roi assujetti à la nulli-
é de ses vaines créatures s'élabore sous la plume de Saint-Simon jusqu'à prendre
es dimensions d'une lutte allégorique, à l'échelle cosmique, entre le Tout et le
Rien, la Grandeur et la Petitesse, l'Etre et le Néant:

> Sentir en plein cet état et y succomber en plein, quel spectacle! Quel contraste
> de force et de grandeur supérieure à tous les désastres, et de petitesse et de fai-
> blesse sous un domestique honteux, ténébreux, tyrannique! Eh! quelle vérifica-
> tion puissante de ce que le Saint-Esprit a déclaré, dans les livres sapientiaux
> de l'Ancien Testament, du sort de ceux qui se sont livrés à l'amour et à l'empi-
> re des femmes! Quelle fin d'un règne si longuement admiré, et... si étincelant
> de grandeur, de générosité, de courage et de force! et quel abîme de faiblesse,
> de misère, de honte, d'*anéantissement*, sentie, goûtée, savourée, abhorrée...! O
> Nabuchodonosor! qui pourra sonder les jugements de Dieu, et qui osera ne pas
> s'*anéantir* en leur présence? (p. 1066).

Saint-Simon ne put venir à bout de la «problématique de la grandeur» qu'en évo-
quant l'anéantissement paradigmatique signalé par la liaison du Roi avec Mme de
Maintenon et ses dispositions face au néant de la bâtardise. Une justice providentielle voulut que Louis passât de dessous la gouvernance d'une femme toute-puissante dans «la toute-puissante» main d'un Dieu «qui n'a posé que quelques grains
de sable pour bornes aux plus furieux orages de la mer» et qui «arrêta tout d'un
coup la dernière ruine de ce roi si présomptueux et si superbe, après lui avoir fait
goûter à longs traits sa faiblesse, sa misère, *son néant*» (p. 979). Mais, entre son
premier anéantissement en tant que roi et son dernier en tant que pécheur pénitent, Louis devait longtemps semer et faire multiplier la même néantise qui minait
son propre être.

Toute la manière d'être de Louis XIV s'explique, pour Saint-Simon, par un enca-
naillement primordial qui lui avait inspiré un goût permanent pour le petit et le
bas, tendance dont se ressentaient même les faveurs accordées à ses ouvriers, à «ce
délié maçon que fut Mansart» (IV, 1062), par exemple, en qui il trouvait «les grâces
de l'obscurité et du néant» (II, 1031). Tout son système ministériel puisait dans le
même fonds d'orgueil qui devait motiver sa tentative de valoriser le néant des bâ-
ards. Au sein de l'univers politico-moral de Saint-Simon l'être conféré par la naissance est inaliénable. Et c'est pour avoir reconnu cette vérité, que le Roi dut adop-
ter la politique de ne déléguer de ses pouvoirs qu'à des gens de rien, à des bourgeois à qui il pouvait enlever, quand bon lui semblait, ce qu'il leur aurait prêté:

> Il sentait bien qu'il pouvait accabler un seigneur sous le poids de sa disgrâce,
> mais non pas l'*anéantir,* ni les siens, au lieu qu'en précipitant un secrétaire d'État
> de sa place, ou un autre ministre de la même espèce, il le replongeait lui et tous
> les siens dans *la profondeur du néant* d'où cette place l'avait tiré, sans que les
> richesses qui lui pourraient rester le pussent relever de ce *non-être*... C'est aussi
> ce qui éloigna toujours du ministère tout homme qui pouvait y ajouter du sien
> ce que le Roi ne pouvait ni détruire ni conserver... (IV, 955) (49).

Par l'intermédiaire de ses ministres, comme par les mésalliances perpétrées à l'avantage de ses bâtards, Louis entendait niveler des grandeurs qu'il n'avait su annihiler. Parmi ces mesures figure le fameux ordre du tableau «que Louvois a introduit pour *confondre* qualité, mérite et *néant*, et pour rendre peuple tout ce qui sert» (III, 1183). Grâce à d'autres changements administratifs, les officiers d'armée virent disparaître «le peu d'autorité qu'ils avaient pu sauver des mains de Louvois, qui l'avait presque toute *anéantie*, et qui par ce dernier coup en fit *de purs fantômes*» (IV, 992). A la mort de Louis XIV, le pays entier devait se sentir délivré «d'un jou pesant,» «d'une gêne continuelle», «d'une dépendance qui avait tout assujetti»: «Les provinces, au désespoir de leur ruine et de leur *anéantissement*, respirèrent et tressaillirent de joie, et les parlements et toute espèce de judicature, *anéantie* par le édits et par les évocations, se flatta [*sic*], les premiers de figurer, les autres de se trouver affranchis» (p. 1095).

Dans tout ce qui concerne l'étiquette, la préséance et le protocole Louis poursuivait la même politique d'égalisation et de renversement que dans ses efforts en faveur des bâtards: «Il aimait en tout la splendeur, la magnificence, la profusion. Ce goût il le tourna en maxime par politique, et l'inspira en tout à sa cour... Il y trou vait encore la satisfaction de son orgueil par une cour superbe, en tout, et par une plus grande *confusion* qui *anéantissait* de plus en plus les *distinctions* naturelles» (p. 1004). Aux «véritables» distinctions, il en substitua «d'idéales»: «Les espérances que... ces distinctions faisaient naître, et la considération qui s'en tirait, personne ne fut plus ingénieux que lui à *inventer* ces sortes de choses» (p. 996). Parmi «ces sortes de choses,» figure la fameuse cérémonie du bougeoir qui récapitulait aux yeux de Saint-Simon, bien que sur un plan assez mesquin, la tendance perverse et blasphématoire qui dictait une démarche anéantissante généralisée: «C'était une distinction et une faveur qui se comptait, tant le Roi avait l'art de *donner l'être à des riens*» (II, 30) (50).

Les centaines de pages dans l'édition de la Pléiade consacrées à la personne de Louis XIV peignent dans leur agrégat le portrait d'un homme en guerre avec lui-même, en proie à un vice psychologique et moral qui sape les fondements de son être. Dans ce portrait le Roi nous est présenté comme le théâtre d'un conflit ironique entre deux armées de forces dénégatrices les unes des autres: la grandeur et la petitesse, l'être et le néant, le tout et le rien. Pour Saint-Simon, le Roi était un homme qui, en voulant et en se voulant tout, se réduisit à rien et qui anéantit du coup tout ce et ceux qui l'entouraient. Et pourtant, par une dialectique que Saint-Simon ne se lasse jamais de souligner, les qualités de Louis — la dignité, le courage, la sagesse — étaient aussi nombreuses et impressionnantes que ses tares: «c'est ce qu aurait pu lui mériter le nom de *grand*, qui lui avait été si prématuré» (IV, 1065). A la surface des choses, le portrait du Roi pourrait sembler par trop simplifié, pour n pas dire simpliste; mais, en réalité, ce qui en ressort c'est la complexité produite pa le voisinage en lui d'éléments contradictoires:

> Quel surprenant alliage! De la lumière avec les plus épaisses ténèbres! Une soif d savoir *tout*, une attention à se tenir en garde contre *tout*...; une conviction *entière* de son injustice et de son impuissance, ... et toutefois un abandon à [ses bâtards] et à leur gouvernante devenue la sienne et celle de l'État, et abandon si *entier* qu'il ne lui permit pas de s'écarter *d'un seul point* de *toutes* leurs volontés qui... leur immola *tout*, son État, sa famille... enfin sa personne, sa volonté, sa liberté, et *tout cela* dans leur *totalité entière*, sacrifice digne par son *universalité* d'être offert à Dieu seul, si par soi-même il n'eût pas été abominable (p. 1065).

Cette vision de Louis XIV comme le lieu conflictuel de deux totalités — celles de la vertu et du vice, d'une maîtrise légitime et d'un esclavage dégradant — relève d'un décalage préalable entre une théorie de la royauté et une constatation vécue quant au fonctionnement réel du pouvoir. La double abomination de l'élévation de la bâtardise et de l'abaissement de la couronne fut la conséquence, aux yeux de Saint-Simon, d'une puissance échappée aux confins juridiques de l'état royal et soumise au dessein totalisant d'une volonté humaine. Saint-Simon se confronte et nous confronte avec une situation où *pouvoir* et *vouloir* sont devenus de simples synonymes.

Dans la série de citations qui suit, l'on perçoit, s'élaborant au niveau du lexique, la vision d'un monde livré à une force dominatrice qui se propage d'ores et déjà libre de toutes entraves:

> Voilà où conduisit l'aveuglement des choix, l'orgueil de *tout* faire, ... pour ne partager la réputation de grand avec *personne*, la clôture exacte, qui, fermant *tout* accès, jeta dans les affreux panneaux de Vaudémont, puis de Vendôme, enfin *toute* cette déplorable façon de gouverner qui précipita dans *le plus évident* péril d'une perte *entière*, et qui jeta dans *le dernier* désespoir... ce conquérant, ce grand par excellence, cet homme immortel pour qui on épuisait le marbre et le bronze, pour qui *tout* était *à bout* d'encens (IV, 978–979).

> De là cette autorité sans bornes qui put *tout* [ce] qu'elle voulut, et qui trop souvent *tout* ce qu'elle put, et qui ne trouva *jamais la plus légère* résistance, si on excepte des apparences plutôt que des réalités, ... C'est là ce qui s'appelle vivre et régner... (p. 981).

> Mais cette dignité, il *ne* la voulait *que* pour lui, et *que* par rapport à lui; et celle-là, même relative, il la sapa presque *toute* pour mieux achever de ruiner *toute* autre et de la mettre peu à peu, comme il le fit, *à l'unisson*, en retranchant *tant qu'il put toutes* les cérémonies et les distinctions, dont il *ne* retint *que* l'ombre... (p. 982).

> Grands et petits, connus et obscurs, furent donc forcés d'entrer et de persévérer dans le service, d'y être un vil peuple en *toute* égalité, et dans *la plus soumise* dépendance du ministre de la guerre, et même de ses commis... Avant de finir ce qui regarde cette politique militaire, il faut voir *à quel point* Louvois abusa de cette misérable jalousie du Roi de *tout* faire et de *tout* mettre dans sa dépendance immédiate, pour ranger *tout* lui-même sous sa propre autorité, et comment cette pernicieuse ambition a tari la source des capitaines en *tout* genre... (p. 984).

> ... ce codicile monstrueux [qui légitimait les bâtards] arraché après avoir reçu ses sacrements...; ce *tout* ensemble, ce groupe effroyable d'iniquité et de renversement de *toutes* choses pour faire de ces bâtards, et du duc du Maine en particulier, un colosse immense de puissance et de grandeur, et la destruction de *toutes* les lois, de son neveu, et peut-être de son royaume et de son successeur, livrés à de si étranges mains, serait-ce *trop* dire? (p. 1074).

L'effort stylistique fourni dans ces passages aboutit à traduire, à une couche primitive de l'expression, la dynamique interne de ce que nous appelons en termes abstraits: *l'absolutisme*. Les phrases de Saint-Simon, les hyperboles redondantes, si typiques et si familières, qui en font la texture, finissent par constituer le développement verbal d'une idée qu'il semble désespérer de jamais pouvoir exprimer dans toute son ampleur ou dans toute son horreur.

Bien plus qu'une simple prise de position politique ou idéologique, le portrait de Louis XIV qui émerge des *Mémoires* comporte une ironie à résonances dialectiques. Pour Saint-Simon, le Roi qu'il aimait et haïssait à doses égales, faisait figure d'un homme sorti de la grandeur de son état dans le but de s'agrandir démesurément, perversement, à force de réduire les grandeurs existantes et de les remplacer par d'autres de sa propre invention. Et ce cette création *ex nihilo* sortit le règne du néant. Ce désir chez Louis de grandeur absolue échoua dans l'abaissement et la nullité, de l'État comme de son état. «Il voulait régner par lui-même; sa jalousie là-dessus alla sans cesse jusqu'à la faiblesse. Il régna en effet dans le petit; dans le grand il ne put y atteindre, et jusque dans le petit il fut souvent gouverné» (p. 942).

«Au temps où j'ai écrit, surtout vers la fin, tout tournait à la décadence, à la confusion, au chaos, qui depuis n'a fait que croître» (VII, 397). Ce désordre, ce renversement de toutes choses, Saint-Simon le fit remonter à la personnalité totalitaire d'un prince qui, dans les termes de sa vision, en incarnait le principe. En Louis XIV il voyait le premier mobile et le principe moteur de la décadence de l'époque qui porte toujours son nom. L'âme royale n'était plus pour Saint-Simon qu'un foyer de passions — la jalousie, la concupiscence, la tendresse paternelle, l'orgueil (51). L'âme du Roi, avec ses mouvements en plein dérèglement, était devenue l'âme d'une entreprise dont sa vie anéantie constituait le modèle et le microcosme. La logique de Saint-Simon sur ce point est d'une grande simplicité. Ce gouverneur gouverné, cette grandeur rapetisée, ce roi à l'envers était destiné à créer un monde à l'envers entièrement à son image — monde dominé par ses éléments les plus bas, régi par les incompétents et ravagé par une horde de monstres. Les créatures de Louis XIV, lui-même l'esclave de ses passions, étaient tous, comme ses bâtards, des «gens entraînés par la violence de leurs désirs» (II, 1018). Et c'est par là qu'ils lui ressemblaient tous du plus près possible (52).

«Il ne voulait de grandeur», insiste Saint-Simon, «que par émanation de la sienne» (IV, 954). Dans un sens très réel, toute l'engeance des Noailles et des Vendômes était des émanations — des reflets, des extensions — d'une grandeur royale rongée par la petitesse et gangrenée par la tare de l'absolutisme. Chez ceux qui firent fortune grâce aux faveurs du Roi, Saint-Simon accuse la même connivence entre *vouloir* et *pouvoir* que chez le maître qui leur ouvrit la carrière. Par leur refus de toute limite, par leur démarche totalisante, les Harcourts et les Dubois doivent figurer, métaphoriquement et moralement, parmi les enfants «naturels» de Louis XIV. Au même titre que les véritables bâtards, ceux-ci étaient l'issue naturelle et inévitable d'une politique de nivellement et de renversement dont le Roi était lui-même le souverrain moteur. Il n'y avait rien au monde, se lamente Saint-Simon, qui «eût aucun pouvoir... de contraindre le Roi en quoi que ce pût être. C'était un homme uniquement personnel, et qui ne comptait tous les autres, quels qu'ils fussent, que par rapport à soi» (p. 1045). Ce commentaire aurait pu servir à caractériser n'importe laquelle des créatures dont la paternité morale, selon Saint-Simon, revenait au Roi. Dans l'univers des *Mémoires,* ce fut une absence paradigmatique de contrainte chez Louis XIV qui déclencha la mobilité sociale si abondamment mise à profit par ses bâtards et ses favoris. Dans la vision du monde de Saint-Simon, les fouines et les Matamores, les serpents et les Protées ne faisaient que s'associer à une recherche de l'absolu que le Roi avait inaugurée. A son instar et avec sa bénédiction, comme autant de miroirs de sa manière d'être, les monstres déchaînés par Louis s'élevèrent à des éminences d'où ils dominèrent, de plain-pied avec leur maître, un peuple fait des débris de la naissance et du mérite, du droit, et de l'ordre — un peuple confondu ensemble dans une égalité d'anéantissement.

En 1743, dans une post-face destinée à mesurer la portée des dizaines de milliers de pages de ses *Mémoires*, Saint-Simon eut ceci à dire sur le sens ultime à dégager de son œuvre:

> Écrire l'histoire de son pays et de son temps, c'est repasser dans son esprit... tout ce qu'on a vu, manié, ou su d'original sans reproche, qui s'est passé sur le théâtre du monde, les diverses machines, souvent les riens apparents, qui ont mû les ressorts des événements...; c'est se montrer à soi-même pied à pied le néant du monde, de ses craintes, de ses désirs, de ses espérances, de ses disgrâces, de ses fortunes, de ses travaux; c'est se convaincre du rien de tout... (I, 13).

Avec ces trois derniers mots Saint-Simon définit rétrospectivement toute la simplicité et toute l'ampleur de sa tâche entreprise et accomplie: peindre le passage du Rien au Tout, du Tout au Rien, dans un monde où le jeu entre l'être et le paraître, originairement une tendance de sensibilité et d'expression, était devenu, à la fin, un fait de civilisation.

Notes

(1)   Les études sur Saint-Simon se sont vues radicalement renouveler depuis la parution de l'ouvrage d'Yves Coirault: *L'Optique de Saint-Simon: Essai sur les formes de son imagination et de sa sensibilité d'après les «Mémoires»*, Paris, 1965, 710 pp. Dans cette heureuse entreprise, M. Coirault joint une vigoureuse réflexion personnelle à des analyses textuelles on ne peut plus nuancées, pour définir la façon de voir chez Saint-Simon préalable aux actes mêmes de penser et d'écrire. La dimension littéraire et spirituelle que rend manifeste *L'Optique de Saint-Simon* a déjà permis d'ouvrir de valables orientations de recherche. Parmi les études récentes les plus fructueuses il faut signaler la thèse de Dirk Van der Cruysse, écrite sous la direction de M. Coirault: *Le portrait dans les «Mémoires» du duc de Saint-Simon: Fonctions, techniques et anthropologie; étude statistique et analytique*, Paris, 1971, 446 pp. La tendance langagiste et structurale que poursuit la recherche saint-simoniste depuis la dernière quinzaine d'années, l'intérêt qu'elle porte notamment à la littérarité des *Mémoires* et à la forme de leur message, rejoignent, en les étendant, les visées de Spitzer et laissent apprécier pleinement tout ce qu'avait de prophétique — et d'objectif! — son approche dite «intuitive».

(2)   *Saint-Simon et son œuvre*, Paris, 1970, p. 40.

(3)   Les références aux *Mémoires* paraîtront entre parenthèses dans le texte même de cette étude avec une indication de volume et de page dans l'édition de la Pléiade procurée par Gonzague Truc, Paris, 1953–61, 7 vol. Quand une citation n'est pas identifiée de cette manière, l'on doit comprendre qu'elle se trouve dans le même volume et à la même page que la référence qui la précède.

(4)   Proust, *A l'ombre des jeunes filles en fleurs*, Paris, 1919, I, 154: «Un auteur de Mémoires, d'aujourd'hui, voulant, sans trop en avoir l'air, faire du Saint-Simon, pourra à la rigueur écrire la première ligne du portrait de Villars... mais quel déterminisme pourra lui faire trouver la seconde ligne qui commence par: «et véritablement un peu folle.»

(5)   Chez certains personnages saint-simoniens, l'Ambition — que M. Coirault imprime avec une majuscule au même titre qu'un nom propre ou qu'une figure allégorique — «absorbe l'essentiel de leur énergie vitale» (*Optique*, p. 504).

(6)   Coirault caractérise de tels personnages comme des «foyers énergétiques», détenteurs d'un «immense capital énergétique» (*Optique,* pp. 290, 504).

(7)   Villars réunissait aussi «une galanterie dont l'écorce était *toujours* romanesque», «une audace *sans pareille*», «une avarie *extrême*», etc.

(8) *Supra,* p. 25. L'on trouve un exemple extraordinaire de ce procédé dans ces quelques phrases tirées du portrait du duc de La Feuillade: «Il était parfaitement bien fait, avait un air et les manières fort nobles, et une physionomie si spirituelle, qu'elle réparait sa laideur et le jaune et les bourgeons dégoûtants de son visage… Son commerce, à qui ne voulait que s'amuser, était charmant… Il paraissait vouloir avoir des amis, et il en trompa longtemps» (I, 1052–1053).

(9) Sur «la forme déductive» du portrait de Louis XIV, v. *supra,* pp. 22–23.

(10) Au cours d'une analyse remarquablement suggestive de la pensée historique et politique de Saint-Simon, Corrado Fatta porte un coup mortel au mythe du «hobereau rancunier» (*Esprit de Saint-Simon,* Paris, 1954, pp. 145 ss.). En ce qui concerne l'homme que fut l'auteur des *Mémoires,* quel qu'il ait été véritablement, je me suis laissé guider dans les pages qui suivent par cette maxime de Roger Judrin: «Voilà le don qui est propre aux artistes. Ce qu'ils font vaut mieux que ce qu'ils sont» (*Saint-Simon et son œuvre,* p. 38), et par cet avertissement de Saint-Simon lui-même: «Ces *Mémoires* ne sont pas faits pour y rendre compte de mes sentiments» (III, 1170). Que son livre contienne de ces sentiments, il n'y a aucun doute; si c'était cela qu'ils contenaient de plus important, ils ne mériteraient pas que l'on s'en occupe.

(11) «Introduction à la méthode de Léonard de Vinci,» *Variété* in *Œuvres* (Pléiade), éd. Jean Hytier, Paris, 1957, I, 1205).

(12) Il va sans dire que les répétitions et exagérations de Saint-Simon admettent une autre explication: il écrit «mal»; faute de temps ou d'intérêt il n'aurait tout simplement pas fourni l'effort requis pour réduire le nombre de ses redondances, pour polir et nuancer sa prose, etc. (v. VII, 399 pour l'apologie de ses «négligences» stylistiques). En fait, mon approche envers Saint-Simon relève d'une conviction mentaliste, freudienne et spitzérienne, quant à la nature et au fonctionnement du langage littéraire – conviction quelque peu désuète qui s'est vue fortement renouveler, et en grande partie, réhabiliter avec l'avènement de la linguistique chomskyenne. L'élément primordial dans cette conviction consiste à prendre pour acquis que les composantes de n'importe quel énoncé ne peuvent jamais être accidentelles, que le recours habituel et appuyé à tel mot ou groupe de mots, à telle image, à telle construction – étant donné le fonds illimité d'expressions qui constitue la «compétence» linguistique d'un chacun – doit figurer d'une façon prépondérante dans la manière dont nous caractérisons sa «performance» linguistique. Dans la perspective de Chomsky, «l'aspect créateur des emplois du langage» et sa qualité «poétique,» découlent «de sa liberté par rapport aux buts pratiques» (*Cartesian Linguistics: a Chapter in the History of Rationalist Thought,* New York, 1966, p. 17). Cette position, bien entendu, «se situe… aux antipodes de l'approche saussurienne de la langue comme code ou instrument de communication», car chez Chomsky «le langage apparaît d'abord comme un outil servant à l'expression de la pensée avant d'être un medium de la communication» (J. Voss, «Noam Chomsky et la linguistique cartésienne,» *Revue Philosophique de Louvain,* 71: 516–517, 1973). Dans la mesure où les redondances de Saint-Simon, en l'occurrence, débordent le cadre de la description biographique et historique, elles dépassent du coup les «buts pratiques» du mémorialiste pour s'ériger en une langue d'écrivain, *i.e.* créatrice, expressive, poétique ou, tout simplement, littéraire. La fréquence, il est vrai, ne saurait fournir à elle seule des critères linguistiques ou esthétiques valables (v. Daniel Delas et Jacques Filliolet, *Linguistique et poétique,* Paris, 1973, pp. 33–34). Et pourtant, considérée dans son fonctionnement intratextuel par rapport à d'autres éléments lexicaux et au message communiqué, la fréquence peut bien marquer la présence d'un système générateur de sens trop riches pour que la somme des parties discursives d'un écrit puisse en tenir compte. Il s'agit de savoir si, dans le cas de Saint-Simon, ses emplois de *tout, rien, toujours, jamais,* etc., étudiés dans leurs rapports avec des constellations sémantiques contiguës ou chevauchantes, ne sont pas capables de livrer une expérience des *Mémoires* plus profonde que celle fournie par la somme de ses idées, affirmations, sentiments, etc. ou même par l'inventaire de ses procédés rhétoriques, de ses écarts stylistiques, et de ses images les plus visibles.

(13) Voir à ce propos les pages de Van der Cruysse sur «l'étonnement métaphysique» et «l'étonnement anthropologique» (*Le Portrait dans les «Mémoires»,* pp. 77–84).

(14) Bien plus profonds chez Saint-Simon que sa haine ou sa hargne sont le sentiment de dégoût, l'incompréhension et la velléité de fuite chez le témoin oculaire qui ne pouvait en croire ses yeux de ce que le monde offrait à sa vision. Cf. III, 1170: «Je voulus tout quitter, et me retirer de la cour et du monde»; 1200: «Je ne voulus longtemps que m'enfuir, et ne revoir jamais la figure trompeuse de ce monde»; V, 571: «Quelle disparité de 1649 à 1717! elle va jusqu'au prodige»; 901: «tout bien à faire est impossible, ... tout le bien possible à faire avorte nécessairement toujours.»

(15) *Le Mythe de Sisyphe* in *Essais* (Pléiade), éd. Roger Quillot et Louis Faucon, Paris, 1965, p. 117.

(16) L'abondance hyperbolique de Saint-Simon illustre en tout point les assises rhétoriques du portrait littéraire au Grand Siècle telles qu'elles sont définies dans un élégant article d'A. Kibédi Varga, «Synonyme et antithèse», *Poétique* 15: 311, 1973.

(17) «Using some recent terminology, we can distinguish the «deep structure» of a sentence from its «surface structure». The former is the underlying abstract structure that determines its semantic interpretation; the latter, the superficial organization of units which determines the phonetic interpretation and which relates to the physical form of the actual utterance, to its perceived or intended form... The underlying organization of a sentence relevant to semantic interpretation is not necessarily revealed by the actual arrangement and phrasing of its given components»; «It is the deep structure underlying the actual utterance, a structure that is purely mental, that conveys the semantic content of the sentence» (Chomsky, *Cartesian Linguistics*, pp. 33, 35).

(18) Judrin, *Saint-Simon et son œuvre*, p. 49.

(19) François-Régis Bastide, *Saint-Simon par lui-même*, Paris, 1963, p. 56.

(20) Les *Mémoires* abondent en personnages qui ont «toutes sortes d'esprit», qui prennent «toutes sortes de formes», etc. L'épithète explicite de «Protée» est souvent invoquée pour caractériser Vaudémont (II, 820, 848; III, 948). Cf. Coirault, *Optique*, pp. 55, 212, 534.

(21) Dans le vocabulaire moral de Saint-Simon, l'absence de *contrainte* signale un moi, une passion déchaînés, se donnant libre cours. Voir II, 166 (Huxelles), 270 (Mortemart), 356 (Silly), 499 (la connétable Colonne), 574, 1015 (Vendôme), 628 (Mme de Polignac), 962–963 (les filles Chamillart), 1007 (Louis XIV), III, 1162 (la duchesse de Bourgogne). Pour saisir à plein les résonances de ce mot au XVIIe siècle, cf. Racine, *Théb.*, 1249: «Mais, hélas! leur fureur ne pouvait se contraindre»; *Brit.*, 11: «L'impatient Néron cesse de se contraindre»; Mlle de Montpensier, *Mémoires*, ed. Michaud-Poujoulat, XXVIII, 525: «il faut que les gens de ma qualité se contraignent, étant plutôt nés pour les autres que pour eux-mêmes.»

(22) L'expression est de Van der Cruysse, *Portrait*, p. 322.

(23) Lat. *intricare;* cf. angl. *intricate;* Cayrou, *Le Français classique*, Paris, 1948, pp. 501–502. Coirault, *Optique*, pp. 369–376, explore en profondeur la thématique de *l'intrigue* dans les *Mémoires.*

(24) Chez Saint-Simon, *l'insinuation* se situe dans le même champ sémantique que *l'intrigue.* Bien que le mot se prenne quelquefois en bonne part (Fénelon, I, 256–257; les frères Vieuville, V, 84), la plupart du temps il comporte des associations péjoratives. Cf. II, 869 (d'Antin), IV, 748 (Noailles), VI, 397 (Mme de Prye), 1032 (Armendariz).

(25) Saint-Simon crut vivre dans un monde peuplé de *monstres,* assister quotidiennement à des événements *monstreux, prodigieux, inconcevables, incroyables.* Sur le rôle des monstres et des prodiges dans l'univers saint-simonien consulter Coirault, *Optique*, «Index alphabétique,» s.v. *monstre, prodige.*

(26) La *fertilité* et la *fécondité* sont des leitmotive sous la plume de Saint-Simon. P. ex., II, 16 (Harcourt), 390 (Maulévrier), 1135 (Madame la Duchesse); cf. Racine, *Mithr.*, 369: «Le roi toujours fertile en dangereux détours.»

(27) Cf. I, 317 (la comtesse de Blanzac): «d'une fausseté parfaite, à qui les histoires entières *coulaient de source*»; II, 16 (Harcourt): «Les expressions, qui entraînaient, *coulaient de source*»; 541 (l'abbé de Polignac): «une éloquence douce, insinuante, ... des tours charmants, ... tout *coulait de source,* tout persuadait.»

(28) Cf. IV, 747: «Le serpent qui tenta Éve, ... est l'original dont le duc de Noailles est la copie la plus exacte»; VII, 131 (Dubois): «venimeux serpent.» Les «serpents» de Saint-Simon constituent «Une humanité thériomorphique et démoniaque» (Coirault, *Optique*, pp. 530 ss.).

(29) Dans un portrait postérieur Saint-Simon accuse chez Noailles «une vie ténébreuse, enfermée, ennemie de la lumière... une profondeur sans fonds»; il est capable «des inventions les plus infernales» et doué d'un esprit fait «pour les plus profondes horreurs et les noirceurs les plus longuement excogitées» (IV, 748–449). Cf. II, 17, 171 (Harcourt); 635 (Castel); 830 (le duc du Maine); IV, 593 (*idem*); Coirault, *Optique*, pp. 192–217, 238, 363–364, 395–400.

(30) Et pourtant, même après y être revenu par deux fois, Saint-Simon peut affirmer ne pas encore avoir épuisé toute la complexité de son personnage: «si j'ai le temps d'achever ces *Mémoires*, ... ceux que ce portrait aura épouvanté jusqu'à être tentés de le croire imaginaire se trouveront saisis d'horreur et d'effroi quand les faits auront prouvé, ... que les paroles n'ont pu atteindre la force de ce qu'elles ont voulu annoncer» (IV, 750).

(31) Sur le «dynamisme» de Saint-Simon, voir Coirault, *Optique*, pp. 183–191, 392–395, 501–515.

(32) Cf. I, 453: «Tout concourut donc, ... à faire marcher M. de Vaudémont *à pas de géant*»; VII, 439: «ce qui me fâche davantage est le peu de fruit à espérer pour le bien, tandis que pour le mal tout va tête levée, *à pas de géant.*»

(33) Chez la duchesse de Beauvillier aussi «il y avait du *contraint,* et qui communiquait de *la contrainte*» (IV, 408). Comment expliquer que les Beauvillier eussent pu marier leur fille au duc de Mortemart, homme «qui se ne *contraignit...* d'aucun de ses caprices» (II, 269–270)?

(34) «L'humilité n'altérait point en lui la dignité; plus il était sincèrement *détaché* de tout, plus il se *tenait à sa place* sans soins bas ou superflus. *Jamais il ne fit un seul pas* vers Monseigneur, ni aucun de son intrinsèque, qui ne l'aimaient pas, ni vers Mme de Maintenon» (IV, 402).

(35) Cf. II, 543 (les ducs de Beauvillier et de Chevreuse): «C'étaient deux hommes uniquement *occupés,* n'osant dire *noyés* dans leurs devoirs, et qui, au milieu de la cour... vivaient comme dans un *ermitage...* Malheureusement pour moi, la charité ne me tenait pas *renfermé dans une bouteille* comme les deux ducs»; III, 90: «j'ai pris la liberté de le gronder [Beauvillier]... de cette charité mal entendue qui tenait ses yeux et ses oreilles de si *court,* et lui si *renfermé dans une bouteille.*»

(36) Judrin, *Saint-Simon et son œuvre,* pp. 38–50.

(37) Cette confrontation fournit un bel exemple de ce que Coirault appelle «Le contraste dans la vie morale» (*Optique,* pp. 492 ss.).

(38) Voir les fines remarques de Fatta sur le Dauphin comme objet d'un «véritable culte du héros», entouré par Saint-Simon d'«un halo mystique» (*Esprit de Saint-Simon,* pp. 99 ss.).

(39) Saint-Simon s'étonne donc de la réussite de Vauban, «peut-être le plus honnête et le plus vertueux de son siècle, ... avec une valeur qui prenait tout sur soi et donnait tout aux autres»: «Il est *inconcevable* qu'avec tant de droiture et de franchise, incapable de se prêter à rien de faux ni de mauvais, il ait pu gagner au point qu'il fit l'amitié et la confiance de Louvois et du Roi» (II, 160–161); le sort de Nyert, en revanche, suivit la marche normale des choses de ce monde: «Il fut modeste, très honnête homme, et un saint; il dura peu» (VI, 359).

(40) Dans le contexte de la pensée politique et de la sensibilité nobiliaire de son époque les vues de Saint-Simon sur la bâtardise revêtent une grande cohérence. Voir Jean-Pierre Brancourt, *Le Duc de Saint-Simon et la monarchie,* Paris, 1971, pp. 59–61, 177, 191–198.

(41) Sur la généalogie comme garantie contre le néant, voir Fatta, *op., cit.,* p. 39.

(42) *Ibid.,* pp. 55–56. Les mots *nouveau,* et *nouveauté* sont toujours péjoratifs dans les *Mémoires* (Coirault, *Optique,* p. 514, n. 129).

(43) Cf. IV, 763: «De là *l'élévation* de la plume et de la robe, et l'*anéantissement* de la noblesse *par les degrés* qu'on pourra voir ailleurs, *jusqu'au* prodige qu'on voit et qu'on sent aujourd'hui, ... en sorte que les choses *sont arrivées* au *point* que le plus grand seigneur ne peut être bon à personne, et qu'en mille façons différentes il dépend du plus vil roturier. C'est ainsi que les choses passent d'un comble d'extrémités à un autre tout opposé.»

(44) Fatta, *op. cit.*, pp. 40–41.

(45) *Écrits inédits,* éd. P. Faugère, Paris, 1880, II, 365.

(46) «Le point de départ de Saint-Simon est que tout état a sa forme particulière» (Fatta, *op. cit.*, p. 101).

(47) Sur ce point, comme sur la pensée politique de Saint-Simon en général, l'étude de Brancourt (voir n. 40) doit désormais faire autorité. Ses conclusions sont à rapprocher des réflexions de Fatta sur l'identité *histoire-nature* chez Saint-Simon (*op. cit.*, pp. 48 ss.).

(48) *Ibid.,* p. 146.

(49) Cf. Louis XIV, *Mémoires,* éd. Jean Longnon, Paris, 1927, p. 30: «il n'était pas de mon intérêt de prendre des sujets d'une qualité plus éminente,. Il fallait, avant toutes choses, établir ma propre réputation, et faire connaître au public, par le rang même d'où je les prenais, que mon intention n'était pas de partager mon autorité avec eux. Il m'importait qu'ils ne conçussent pas eux-mêmes de plus hautes espérances que celles qu'il me plairait de leur donner: ce qui est difficile aux gens d'une grande naissance.»

(50) *Ibid.,* p. 90: «c'est... un des plus visibles effets de notre puissance, que de donner quand il nous plaît un prix infini à *ce qui soi-même n'est rien.*»

(51) Dans la perspective de Saint-Simon, Louis XIV avait délaissé son état pour vivre comme un «particulier,» victime des «plus grands désordres d'amour» (IV, 942), livré «à l'amour et à l'empire des femmes» (1066). Cf. 945: «Le Roi ne demeura guères à l'armée...; il s'en revint trouver sa maîtresse»; un «désir de gloire» intermittent «l'arracha par intervalles à l'amour» (951). Sur la valeur historique de ces observations ostensiblement simplistes, voir Fatta, *op. cit.*, p. 25.

(52) Cf. Fatta, *op. cit.*, p. 109.

Saint-Simon peintre de la vie en déclin

par Jules Brody

Il faut peut-être avoir soi-même vécu avec les hommes pour ne pas donner tort à Saint-Simon
Sainte-Beuve (1)

I

«Si ces *Mémoires* voient jamais le jour», écrivait Saint-Simon en guise de conclusion, «je ne doute pas qu'ils n'excitent une prodigieuse révolte» (VII, 397). Cette attente n'a pas été déçue. Car ce petit duc et pair «du vieux temps» (2) avait eu l'idée hautement insolite de voir dans le Grand Siècle non pas l'aboutissement d'une œuvre de centralisation en cours depuis les Capétiens, non pas le triomphe de la monarchie française, mais sa démolition. Là où Voltaire et toute l'historiographie issue du *Siècle de Louis XIV* devaient voir une téléologie en beau et en bien, Saint-Simon dénonçait déjà, avant même que le mythe du Grand Siècle ne fût pleinement éclos, une téléologie en mal, une marche vers la décadence, une civilisation en déclin, une vie politique, sociale et morale dénuée désormais de toute véritable qualité. Car, pour Saint-Simon la qualité *de* la vie dépendait directement du statut de la qualité *dans* la vie, du sort de la *qualité* et des *gens de qualité*, de ces *aristoi* qui, par leur naissance et leur conduite, étaient appelés à assurer le contenu de la notion d'aristocratie. Et la totalité des questions auxquelles Saint-Simon s'adresse — la vénalité des offices, l'embourgeoisement du gouvernement, la prolifération des mésalliances, les tentatives de mise en valeur de la bâtardise — cet ensemble de problèmes a comme noyau générateur le drame de la qualité en tant que principe *de* la vie et *dans* la vie de son époque: les écueils qui la menaçaient, les revers qu'elle avait déjà essuyés en conséquence de la politique de Louis XIV et de la conception du pouvoir dont elle s'inspirait.

II

Ecrire l'histoire de son pays et de son temps, c'est repasser dans son esprit... tout ce qu'on a vu... les diverses machines, souvent les riens apparents, qui ont mû les ressorts des événements qui ont eu le plus de suite et qui en ont enfanté d'autres; c'est se montrer à soi-même pied à pied *le néant du monde*, de ses craintes, de ses désirs, de ses espérances, de ses disgrâces, de ses fortunes, de ses travaux; c'est se convaincre du *rien de tout* par la courte et rapide durée de toutes ces choses et de la vie des hommes. (*Avant-propos*, I, 13.).

Le *néant du monde*, le *rien de tout;* résultat bien maigre, serait-on tenté de dire, pour une entreprise qui occupe sept volumes de Pléiade. Et pourtant, c'est justement dans ces deux mots, *néant* et *rien*, qu'il faut chercher le sens idéologique et la portée spirituelle des *Mémoires*. La tâche que Saint-Simon s'est imposée en tant qu'historien consiste précisément à retracer la transition entre *tout* et *rien*, entre

* *Première publication: Marseille*, no. 109: 185–194, 1977 (La Qualité de la Vie au XVIIe Siècle, Colloque de Marseille, janvier 1976)

l'*être* et le *néant*, à suivre le passage de la grandeur à la misère dans le règne et le royaume qui furent l'œuvre de Louis le Grand.

Le symbole de ce passage et l'incarnation de cette misère Saint-Simon les voyait dans la réussite de Mme de Maintenon, «cette enchanteresse», «cette fée incroyable» (IV, 1021, 1022), ce «personnage unique dans la monarchie depuis qu'elle est connue, qui a, trente-deux ans durant, revêtu ceux de confidente, de maîtresse, d'épouse, de ministre, et de toute-puissante, après avoir été si longuement néant» (p. 1050). Cette phrase, on peut l'appeler une phrase d'historien, en ce sens qu'elle cherche à expliquer le phénomène dont il s'agit en indiquant la suite logique et chronologique des étapes touchées — confidente, maîtresse, épouse, ministre, toute-puissante — au cours d'une ascension à partir de la roture jusqu'à une royauté fonctionnelle. L'énoncé suivant, en revanche, bien différent de celui qu'on vient de lire, est plutôt une phrase d'écrivain, une phrase à proprement parler littéraire: «La Scarron, devenue reine, eut cela de bon qu'elle aima presque tous ses vieux amis dans tous les temps de sa vie» (I, 45). Le télescopage opéré par la brillante parataxe, «La Scarron devenue reine», nous présente une Madame de Maintenon ravalée de son «Maintenon», dépouillée de son «Madame», parée de ce seul article défini dont la nudité ne traduit plus que la nullité de son état civil, de son statut de femelle, mariée de toute éternité dans l'esprit de Saint-Simon, avec «ce savant et joyeux cul-de-jatte» (IV, 1015), poète crotté des genres mineurs. Veuve d'un homme de rien, tirée de son néant, promue au comble de l'être, «La Scarron est devenue reine». Cette «chose que la postérité aura peine à croire» (IV, 1021), Saint-Simon nous la présente ici au moyen d'une transition simple, neutre, incolore au possible, comme s'il s'agissait du développement le plus naturel qu'on puisse imaginer, comme qui dirait: «Le marchand, devenu riche», ou, à plus forte raison, «le Prince, devenu Roi». Par la densité et la violence de sa parataxe, Saint-Simon traduit au niveau de la syntaxe toute la distance qui, dans un monde mieux réglé, devrait séparer les vocables *Scarron* et *reine,* mais dont le proche voisinage était devenu, pour ainsi dire, «naturel». De tels décalages, nous dit la facture de la phrase de Saint-Simon, se comblent d'ores et déjà automatiquement (3).

Saint-Simon croyait habiter un monde où des transformations à ce point scandaleuses étaient non seulement possibles mais probables, voire inévitables. Mais l'éminence atteinte par Mme de Maintenon ne fut que le symptôme d'un renversement généralisé que Saint-Simon discernait dans tous les domaines de la vie de l'Etat et dans toutes les couches de la société: l'anéantissement des valeurs véritables et la valorisation du néant. «La naissance et les biens», écrivait Saint-Simon en parlant de lui-même, «ne vont pas toujours ensemble» (I, 56). Dans le monde à rebours des *Mémoires,* toute prospérité semble être réservée, au contraire, au parti du néant — aux gens de rien.

A cet égard, la carrière d'un certain Claude de Langlée, «espèce d'homme fort singulier dans une cour», peut servir de paradigme: «C'était un homme de rien, de vers Mortagne au Perche, dont le père s'était enrichi, et la mère encore plus». C'est elle «qui avait produit son fils de bonne heure parmi le grand monde, où il s'était mis dans le jeu. Il y fut doublement heureux, car il y gagna un bien immense». Dans la suite du portrait, cette *immensité* occupe un des pôles du caractère, dont l'autre est marqué par une nullité intellectuelle et morale qui est l'exacte contre-partie de la naissance de cet «homme de rien».

Avec *très peu* ou *point* d'esprit, mais une *grande* connaissance du monde, il sut prêter de bonne grâce, attendre de meilleure grâce encore, se faire *beaucoup* d'amis et de la réputation à force de bons procédés. Il fut des plus *grosses* parties du Roi du temps de ses maîtresses... et il se trouva insensiblement de *tout*, à la cour, de ce qui n'était qu'agréments et futile... (I, 720).

Cet *homme de rien* «se trouva insensiblement» – imperceptiblement, comme naturellement – «de tout». Et dans la phrase suivante, ce *tout* engendre un dénombrement exhaustif qui vise à exprimer les proliférations de sa faveur et l'énormité de sa réussite:

Il fut donc de *tous* les voyages, de *toutes* les parties, de *toutes* les fêtes de la cour, ensuite de *tous* les Marlis, et lié avec *toutes* les maîtresses, puis avec *toutes* les filles du Roi... Il était fort bien avec *tous* les princes du sang, qui mangeaient très souvent à Paris chez lui, où *abondait* la plus *grande* et la *meilleure* compagnie (p. 721).

A strictement parler, ce portrait de Langlée n'a pas de style, à tout le moins dans le sens normal du terme: son vocabulaire est incolore, dénotatif; il ne contient aucune image, aucun procédé de rhétorique marquant, si ce n'est le retour insistant, quelque peu obsessionnel de l'adjectif *tout,* qui doit s'imposer à notre attention, comme fait de lecture, par sa double force cumulative d'anaphore et d'hyperbole. Que la carrière de Langlée ait été aussi comblée, que sa réussite ait été aussi totale que le prétend Saint-Simon, il est sans doute impossible de le vérifier. Mais quelle que soit l'exactitude historique, ou même la valeur anecdotique, du portrait de Langlée, le succès mondain de ce personnage obéit à la même mécanique que le triomphe de la Scarron, relevée de son néant pour devenir reine. Au niveau primitif du lexique de Saint-Simon, cet homme de *rien* parvient à *tout*. Dépourvu de qualité, que ce soit de naissance, d'esprit ou de caractère, il sue et suinte la quantité: sa richesse est immense, il est de tout, reçu partout et par tous; ce qu'il y a de plus grand dans le Tout-Paris et le Tout-Versailles afflue à sa table (4).

Quant au maréchal de Villars, il était, au dire de Saint-Simon,

... le plus complètement et constamment heureux de tous les millions d'hommes nés sous le long règne de Louis XIV. On a vu ci-devant quel fut son père, sa fortune, son mérite, celui que Mme Scarron lui trouva, et que, devenue Mme de Maintenon, elle n'oublia jamais. Il passait pour être fils du greffier de Condrieu (II, 423).

Muni du double appui de Mme de Maintenon et de ses origines plus que douteuses, Villars, «la postérité d'un manant renforcé» (pp. 423–424), «fils d'un homme de rien et tout à fait inconnu», fut nommé à l'ordre du Saint-Esprit, ce qui éveilla «la plus universelle consternation dans toute la cour» devant «une fortune aussi peu fondée en naissance» (p. 426). Et dans le long portrait que Saint-Simon consacre à cet «enfant de la fortune», qui n'avait pas «un fonds sur lequel il pût bâtir», l'on reconnaît dès l'abord le jumeau moral et de Langlée et de sa protectrice. Chez lui, comme chez eux, une réussite totale avoisine une indicible nullité. Par un processus tautologique, Villars arrivait à tout à force de déployer une poussée caractérielle totalisante: il avait «une effronterie qui soutenait *tout* et ne s'arrêtait pour *rien*», se vantait «d'avoir *tout* prévu, *tout* conseillé, *tout* fait», savait «faire valoir les *moindres* choses et *tous* les hasards. Les compliments suppléaient chez lui à *tout*» (pp. 111–112); quant aux mémoires qu'il a laissés, «*tout* y est mensonge» (p. 113) (5).

Le lecteur tant soit peu averti des *Mémoires* ne tarde pas à constater que les bêtes noires de Saint-Simon se ressemblent et se tiennent comme par un air de famille. Quel que soit le reproche qu'il adresse ou la tare qu'il dénonce, il en vient toujours à souligner une même connivence, un même rapport antithétique entre la nullité ou l'extrême déficience, d'une part, et, de l'autre, une plénitude d'accomplissements accompagnée d'une surabondance de moyens pour les réaliser. Si les jésuites, par exemple, sont devenus «maîtres des cours par le confessionnal de presque *tous* les rois et de *tous* les souverains catholiques, de presque *tout* le public par l'instruction de la jeunesse», c'est qu'ils ont su s'imposer «par leur puissance et par leurs richesses *toutes* employés à leurs desseins, autorisés par leur savoir *de tout genre* et par une insinuation *de toute espèce*» (III, 322). Quant au duc de la Feuillade, bien que ses débauches fussent «de *toutes* les sortes» et qu'il vécût «dans une manière de disgrâce très marquée», il réussit à surmonter l'opposition du Roi et à se faire accorder la main de la fille de Chamillart; car il avait «beaucoup d'esprit, et de *toutes sortes d'esprits...* Il était magnifique en *tout...* Il se piquait fort de *toutes* ses qualités» (I, 1052—1053) (6).

Envers le duc d'Antin, Saint-Simon témoigne d'une attitude un peu plus nuancée, où une désapprobation de base se trouve atténuée sans doute par le fait qu'il fut le seul enfant légitime d'une mère pondeuse de bâtards. Pourtant, même avec cette tare en moins, d'Antin faisait montre de la même tendance que Saint-Simon accusait chez les plus abjects et les plus comblés des courtisans: «Il voulait s'approcher intimement du Roi de quelque façon que ce pût être; il voulait aller à *tout*, et son esprit était capable de *tout*» (II, 1037). Il savait l'art de «plaire, s'insinuer, et parler *toutes sortes* de langages». Il avait «des talents *sans nombre*, qui le rendaient propre à *tout...* Un corps robuste et qui sans peine fournissait à *tout*, répondait au génie... Il sacrifia *tout* à l'ambition et aux richesses», se donnait des «fatigues incroyables pour se trouver *partout* à la fois, assiduité prodigieuse en *tous* lieux différents, soins *sans nombre*, vues en *tout*, et *cent* à la fois, adresses, souplesses, flatteries *sans mesure*, attention *continuelle* et à laquelle *rien* n'échappait, bassesses *infinies*, *rien* ne lui coûta, *rien* ne le rebuta *vingt* ans *durant...* Sa table, ses équipages, *toute* sa dépense était *prodigieuse* et la [*sic*] fut dans *tous* les temps» (II, 869—870). L'abondance étourdissante de recours, de ressources et de démarches que Saint-Simon attribue à d'Antin eut, pourtant, une dimension positive: avec une autre motivation, cet acharné courtisan aurait fait un grand meneur d'hommes, car il était «naturellement éloquent et parlant *à chacun* sa propre langue, aisé en *tout*, aplanissant *tout*, fécond en expédients, et capable à fonds de *toutes sortes* d'affaires» (p. 872).

L'élévation de l'abbé de Polignac au cardinalat fut l'occasion de ce portrait:

> C'était un grand homme très bien fait, avec un beau visage, beaucoup d'esprit... *toutes sortes* de savoir, avec le débit le plus agréable; ... *tout* coulait de source, *tout* persuadait. Personne n'avait *plus* de belles lettres; ... amusant en récits, et possédant l'écorce de *tous* les arts, de *toutes* les fabriques, de *tous* les métiers. Ce qui appartenait au sien, au savoir et à la professsion ecclésiastique, c'était où il était le *moins* versé... D'ailleurs *tout* occupé de son ambition, *sans amitié*, *sans* reconnaissance, *sans aucun* sentiment que pour soi..., et, si le cœur était *faux* et l'âme *peu correcte*, le jugement était *nul*, les mesures erronées, et *nulle* justesse dans l'esprit: ce qui, avec les dehors les plus gracieux et les plus trompeurs, a *toujours* fait périr entre ses mains *toutes* les affaires qui lui ont été commises (II, 541).

Ce néant et cette vacuité tant administratifs que spirituels, ne suffirent guère pour écarter Polignac de la pourpre romaine. Au contraire, par une sorte de déterminisme pervers, ses déficiences et ses défauts lui valurent une approbation et un appui universels:

> Les dames de la cour les *plus* aimables, celles d'un âge supérieur les *plus* considérables, les hommes les *plus* distingués par leurs places ou par leur considération, les personnes des deux sexes qui donnaient le *plus* le ton, il les avait *tous* gagnés (pp. 541–542) (7).

Le décalage entre la nullité de l'abbé de Polignac, devenu cardinal, et la totalité de sa réussite, le contraste entre sa non-valeur et son faire-valoir est dramatique à tel point que l'on pourrait soupçonner Saint-Simon de fabulation, pour ne pas dire de fabrication. Cependant, ce cas est trop typique, de tels portraits sont trop nombreux, le vocabulaire qui les traduit est trop précis et trop constant pour qu'on ne soit pas tenté de leur chercher, sinon une puissance de persuasion ou de vérité, à tout le moins une valeur de tendance ou de témoignage. En effet, dans la galerie de portraits de Saint-Simon, une totalisation dans la réussite va si souvent de pair avec le défaut complet de naissance, de talent ou de mérite, que nous avons parfois l'impression d'affronter le même personnage; c'est comme si à des centaines de pages de distance nous retrouvions régulièrement le même individu — qu'il s'appelle Villars, d'Antin, Vendôme, Dubois ou Harcourt.

Ce dernier, avec un esprit «aisé... à prendre toutes sortes de formes..., facile à se faire tout à tous», ne vivait que pour rapporter «tout à soi» (II, 16–17). Pour Vendôme, «méprisant tout, ... orgueilleux au comble en toutes les sortes de genre... tous moyens [sont] bons»; il avait par ailleurs «un front d'airain qui ose tout, qui entreprend tout, qui soutient tout» (II, 1015–1016). Quant au duc de Noailles, muni «de toutes sortes d'esprit, ... sachant de tout, parlant de tout», il avait l'art, comme Harcourt, des se faire «tout à tous»; expert «en tous... genres de crimes», c'est «un homme qui s'étend à tout, qui entreprend tout» (III, 1119–1120). Le cardinal Dubois, de même: «Tous moyens lui étaient bons»; «désirant tout, enviant tout, voulant toutes les dépouilles... il était intéressé, ... ignorant en toute affaire»; il sacrifiait «à soi» le monde et les affaires «tous et toutes» (IV, 704–705); il se faisait «un jeu de toutes... choses», voulait «tout en tout genre», se comptait «lui seul pour tout», prenait «toutes sortes de formes», revêtait «toutes sortes de personnages», etc. (VII, 327–328) (8).

Le langage de ces portraits, réunis ici en raison d'un détail lexical en soi anodin, n'en retient pas moins le mérite de présenter sous le microscope la musculature même de la pensée de Saint-Simon ou, à tout le moins, de l'une de ses pensées fondamentales sur le sujet central à toute son entreprise d'écrivain et d'historien: les assisses, la problématique et les vicissitudes de la grandeur. Les carrières comblantes et comblées de personnages tels que Harcourt et Noailles, Vendôme et Dubois, et les modalités de leur élévation illustrent un type de personnalité où la qualité, au sens large du mot, a été évincée par la quantité. Ces personnages qui font preuve de toutes sortes d'esprits, parlent tous les langages, et prennent toutes les formes, qui conviennent, veulent, entreprennent, soutiennent et peuvent tout, qui commettent des bassesses de tous les genres et des crimes de toutes les espèces, de tels personnages, de par leur comportement multi-directionnel, s'offrent à nous dans les pages des *Mémoires* comme le lieu d'une multiplication, d'une magnification de soi qui reflète, d'une manière microcosmique dans les vies particulières, le drame dont Saint-Simon se crut le témoin à l'échelle de toute une société et de tout un royaume. La totalisation en mobiles, en visées, en moyens et en accomplissements que Saint-Simon dénonçait chez certains individus, provenait en ligne droite d'un système politique, et d'une conception de la monarchie devenus, pour employer le terme moderne, totalitaires.

III

L'analyse de Saint-Simon repose sur les axiomes suivants:

1) que Louis XIV «ne voulait de grandeur que par émanation de la sienne. Toute autre lui était devenue odieuse» (IV, 954);

2) que tous les maux de la France de Louis XIV remontaient à «cette misérable jalousie du Roi de tout faire et de tout mettre dans sa dépendance immédiate» (p. 9 Mais, par une justice poétique que Saint-Simon ne cesse de savourer et pour des rai sons qu'il ne se lasse de souligner, ce dessein totalitaire était voué à l'échec – et dès le départ: «Ce fut un prince à qui on ne peut refuser beaucoup de bon, même de grand, en qui on ne peut méconnaître plus de petit et de mauvais» (IV, 940). Dès cette phrase liminaire de son interminable portrait du Roi, Saint-Simon constate le voisinage de deux tendances conflictuelles: une *Grossmannssucht*, pour évoque les belles formules de Spitzer, et un *Kleinmannsein* – une recherche de grandeur et une petitesse essentielle (9). Par maxime, Louis XIV voulait «gouverner par lui-même»; ce «fut la chose dont il se piqua le *plus*, dont on le loua et le flatta *davantage,* et qu'il exécuta le *moins*» (p. 941). Saint-Simon était tellement convaincu de la vérité de cette contradiction, tellement sensible à son ironie que jusqu'à la facture et la cadence de ses phrases se ressentent de son attitude: «Il voulait *régner* par lui-même; sa jalousie là-dessus alla sans cesse jusqu'à la *faiblesse. Il régna* en effet dans le *petit;* dans le *grand* il ne put y *atteindre,* et jusque dans le *petit* il fut souvent gouverné» (p. 942). Ce gouverneur gouverné, ce roi à l'envers qui voulait et se voulait tout, s'occupait systématiquement à des riens; entouré de gens de rien: «Sor esprit, naturellement porté au petit, se plut en toutes sortes de détails. Il entra sans cesse dans... toutes sortes de bas détails» (p. 952). Cette tendance, continue Saint-Simon, faisait «le triomphe de ses ministres... qui conduisaient le grand selon leurs vues et trop souvent selon leur intérêt, tandis qu'ils s'applaudissaient de le voir se noyer dans ces détails». Cette politique mesquine, cet enlisement dans la petitesse, devint «la base de l'exaltation de ses ministres par-dessus toute autre grandeur. Il se persuadait par leur adresse que la leur (*i.e.* leur grandeur) n'était que la sienne, qui, au comble en lui, ne se pouvait plus mesurer, tandis qu'en eux elle l'augmentait d'une manière sensible, puisqu'ils n'étaient rien par eux-mêmes» (pp. 952–953)

Le passage qu'on vient de lire débutait sur une observation qui frise la calomnie: «Son esprit, naturellement porté au petit, etc.» Cependant, à mesure que la pensée de Saint-Simon se déploie, on discerne un rapport sous-jacent entre cet esprit de dé tail, petitesse factuelle et physique, et une autre forme de petitesse qui acquiert, ell des dimensions à proprement parler métaphysiques. Car chez Louis XIV la petitess va très loin. Entre la première mention de son esprit, «porté au petit», et son éléva tion à la grandeur de ces gens de rien, la notion même de petitesse, voyageant dans un champ sémantique progressivement élargi, atteint sa limite logique. Une impulsion vers le petit se manifeste, finalement, sous sa forme politique prédestinée, iné-vitable. Comme une sorte de noyau générateur, la petitesse de Louis XIV déclenche deux activités apparemment disparates, mais qui s'avèrent être, à la longue, radica-

ement homogènes: 1) l'attention portée aux petits détails; 2) l'exaltation de petites
ens — de gens de rien — au-dessus des grandeurs établies et essentielles. Le glissement de *petit* à *rien* retrace dans la pensée de Saint-Simon les étapes d'une évolu-
ion qui se fit à partir des deux développements—clés du règne de Louis XIV: la
mise en valeur du néant et la mise en place de la nullité, d'une part, moyennant de
'autre la mise en cause et, éventuellement, la mise à mort de la qualité. Dans la
perspective de Saint-Simon, la carrière et le règne de Louis XIV étaient tributaires
l'une soif de grandeur qui avait motivé une poursuite de la toute-puissance, sur une
période de 55 ans, mais qui n'aurait été au fond qu'une infatuation de la néantise,
qu'une malheureuse aventure qui devait mener sur tous les plans exactement à
ien (10).

IV

Sa faiblesse pour ses ministres, qui haïssaient et rabaissaient, pour s'élever, tout
ce qu'ils n'étaient pas et ne pouvaient pas être, lui avait donné le même éloignement pour la naissance distinguée. Il la craignait autant que l'esprit; et, si ces
deux qualités se trouvaient unies dans un même sujet, et qu'elles lui fussent con-
nues, c'en était fait (IV, 951) (11).

l serait étonnant que Louis XIV eût craint et persécuté, réellement et consciemment,
'intelligence ou, à plus forte raison, «la naissance distinguée». Et on est tenté de ne
voir dans de telles accusations que la preuve renouvelée de la hargne de Saint-Simon,
le sa sourde prévention nobiliaire. Toutefois, ses vues sur la noblesse relèvent de
considérations et sont riches de conséquences qui dépassent de bien loin le cadre
le ses propres sentiments. En effet, dans l'argument de Saint-Simon, le pouvoir
oyal et le statut de la qualité sont engagés dans un système de rapports organiques
t objectifs qui devait nécessairement déjouer les grandioses desseins du Roi-Soleil:

Il sentait bien qu'il pouvait accabler un seigneur sous le poids de sa disgrâce,
mais non pas l'anéantir, ni les siens, au lieu qu'en précipitant un secrétaire d'État
de sa place... il le replongeait lui et tous les siens dans la profondeur du néant
d'où cette place l'avait tiré, sans que les richesses qui lui pourraient rester le pussent relever de ce non-être... C'est aussi ce qui éloigna toujours du ministère
tout homme qui pouvait y ajouter du sien ce que le Roi ne pouvait ni détruire
ni conserver (p. 955).

À titre de simple fait, tant biologique que juridique, la naissance fournit le paradigme de ces qualités-là, qui, par définition, se dérobent à l'intervention et au contrôle
humains — qui se soustraient, *eo ipso,* au mouvement, au changement, au devenir.
Pour Saint-Simon, la naissance, la qualité, la condition ou l'état d'une personne est
littéralement *statique*. En dehors de l'intérêt personnel qu'il portait à la question,
l envisageait la naissance comme un événement biologique, ayant une origine et
une histoire vérifiables, doué d'un statut existentiel objectif et radicalement indé-
pendant à la longue de tout exercice du pouvoir, même arbitraire, même absolu.

Au cours de sa critique de la politique ministérielle de Louis XIV, comme dans son
équisitoire général contre son gouvernement, Saint-Simon considère la qualité/nais-
sance surtout sous son aspect d'essence innée, d'obstacle naturel et, partant, insur-
montable, au totalitarisme. Si la naissance constitue la barrière-limite contre laquelle
même le pouvoir sans bornes d'un Louis XIV doit achopper, c'est qu'elle tient de
es qualités qui ne sauraient être ni créées ni abolies par de simples hommes.

Dans cette perspective, la naissance est reliée d'une manière intime à une véritable métaphysique de la qualité, qui illumine, en les rapprochant, des phénomènes aussi disparates en apparence que la politique ministérielle de Louis XIV et son attitude envers la bâtardise. Pour l'auteur des *Mémoires,* le ministère de Colbert et l'exaltation des bâtards royaux, sous le règne de leur ancienne gouvernante, marquent les pôles chronologiques d'un assaut calculé contre la qualité, d'une prédilection viscérale pour le néant, d'une relation ininterrompu entre Louis le Grand et le non-être.

«C'était une distinction et une faveur qui se comptait», observe Saint-Simon en parlant de la cérémonie du bougeoir, «tant le Roi avait l'art de *donner l'être à des riens»* (II, 30). Or, aux yeux de Saint-Simon, le bougeoir de Louis XIV et ses bâtar participaient du même statut existentiel que ses ministres: «ils n'étaient rien par eux-mêmes» (IV, 953). Tout l'*être* — toute l'existence, toute la réalité — dont ils pouvaient se revêtir serait une émanation et une extension de la grandeur, de la volonté et du pouvoir de Louis XIV, devenus l'expression non plus de son «état» de roi, mais uniquement de son orgueil d'homme, de sa «superbe», de sa «faiblesse» (p. 1071) (12).

En ce qui concerne la bâtardise, Saint-Simon prenait pour acquis — pour un fait juridique et objectif — que «le néant dû à la naissance illégitime, s'est rassemblé sur les doubles adultérins, dont la monstrueuse espèce ne peut être censée dans aucune sorte d'existence» (I, 982). Le «profond non-être des doubles adultérins» (IV, 356), le «non-être par état» de «ces ténébreux enfants» (p. 358), Saint-Simon s'y réfère comme à une vérité religieuse; «l'apothéose» des bâtards était à regarder «comme le renversement de toutes les lois divines et humaines, comme le sceau de tout joug, comme un attentat contre Dieu même» (p. 811) (13).

Dans la théologie personnelle de Saint-Simon, la naissance illégitime tient lieu de péché originel; ce fut cette abomination qui marquait pour lui le premier pas et le fait essentiel dans la dégradation constante et progressive du principe de la qualité dans la vie et de la vie. «Ce mélange du plus pur sang de nos rois... avec la boue infecte du double adultère, a... été le constant ouvrage de toute la vie du Roi». Tous les maux de la France, dans cette sévère perspective, étaient «[le] fruit de cette même bâtardise, qui, à trop juste titre, se peut appeler un fruit de perdition» (IV, 1069). Mais, dans la critique de Saint-Simon, Louis XIV a su «porter au comble un mélange inouï dans tous les siècles» en y rajoutant du sien. Au péché formel et physique de l'adultère, le Roi en aurait joint un autre d'ordre métaphysique, en étant «le premier de tous les hommes de toutes les nations qui ait tiré du néant les fruits du double adultère, et qui leur ait donné l'être», comme à ses ministres, sortis eux aussi «de la boue», comme à son bougeoir — *tant le Roi avait l'art de donner l'être à des riens* (14).

Chez Louis XIV le péché originel de l'abâtardissement se doublait et se fortifiait de celui de l'orgueil,

> ...d'un orgueil sans bornes, qui fit toujours regarder au Roi avec des yeux si différents ses bâtards et les princes de son sang, les enfants issus du trône par des générations légitimes, ... et les enfants de ses amours. Il considéra les premiers comme les enfants de l'Etat et de la couronne, grands par là et par eux-mêmes sans lui, tandis qu'il chérit les autres comme les enfants de sa personne, qui ne pouvaient devenir, faute d'être par eux-mêmes, par toutes les lois, que les ouvrages de sa puissance et de ses mains (p. 1069).

La faute et la force des princes du sang étaient donc identiques à celles des seigneurs et des ducs et pairs: ils avaient et ils étaient quelque chose que «le Roi ne pouvait ni détruire ni conserver» (IV, 955). Leur «état», leurs prérogatives, les assises existentielles de leur qualité subsistaient «sans lui», alors que la «grandeur» des bâtards était, ne pouvait être que l'émanation «de la sienne» (p. 954):

> L'orgueil et la tendresse se réunirent en leur faveur; le plaisir superbe de la création l'augmenta sans cesse, et fut sans cesse aiguillonné d'un regard de jalousie sur la naturelle indépendance de la grandeur des autres sans son concours. Piqué de n'oser égaler la nature, il approcha du moins ses bâtards des princes du sang par tout ce qu'il leur donna d'établissements et de rangs (15).

En insistant sur la «*naturelle* indépendance de la grandeur» légitime, en attribuant à Louis XIV le vœu «*d'égaler* la nature», surtout en accusant «le plaisir superbe de la *création*» qui l'y aurait poussé, Saint-Simon fait du règne de Louis XIV l'arène d'une rivalité engagée avec *le* Créateur paradigmatique; il fait de la personne de Louis un *Rex artifex*, inventeur de grandeurs «artificielles», s'arrogeant une liberté et une puissance égales à celles du *Deus artifex*, son Créateur à lui et son Maître. Tirer des hommes de rien *de leur néant*, des bâtards de leur *profond non-être*, «faire des princes du sang par édit, ... fabriquer de ces princes avec de l'encre et de la cire» (p. 358), vouloir «faire les hommes ce qu'ils ne sont pas de naissance» (p. 1069), de telles démarches ne sauraient être que d'un faible mortel en pleine infatuation. Et en ce sens, le portrait moral de Louis XIV acquiert une dimension épique; l'histoire du Grand Règne émerge des *Mémoires* comme la dramatisation d'un concours de grandeur engagé, sur un pied sacrilège, par un homme aux prises avec la Nature et avec Dieu.

C'est en des termes pareils qu'il convient de traduire le récit de Saint-Simon si l'on tient à en toucher le substrat spirituel. Ce qui sur le plan politique se lit comme la mise en cause de telles décisions et de tels procédés, remonte à un niveau proprement métaphysique, où, en faisant le procès d'une certaine manière de gouverner, Saint-Simon déborde le cadre de son témoignage pour ramener toute expression de la grandeur louis-quatorzienne à une seule et même constante psychologique et morale. Là où les contemporains et leur postérité presque unanime voyaient de la grandeur, Saint-Simon ne consentait à discerner qu'un grossissement hors-nature, blasphématoire. A partir du traitement de la «*monstrueuse* espèce» de ses bâtards, dont il entendait faire «un colosse *immense* de puissance et de grandeur» (IV, 1074), jusqu'aux «défauts *monstrueux*» de Versailles, «palais si *immense* et si *immensément* cher» (p. 1006), la carrière publique de Louis XIV, à l'instar de sa vie intérieure, ne fut qu'un attentat ininterrompu contre la qualité, qu'une chasse aveugle à la quantité. Dans la vision de Saint-Simon, toutes les démarches de Louis XIV ressortissent à un même principe de magnificence à force de magnitude, de grandeur à force de multitude. Faute d'être grand en faisant du bien, Louis XIV fut condamné à être petit en faisant du gros.

Il n'y a pas d'aire d'activité où Saint-Simon n'imaginât Louis XIV en proie au démon de la Création, inlassablement occupé à substituer, en les multipliant, ses propres inventions à des réalités existantes. Avec les distinctions de cour comme avec le reste:

> Il sentait qu'il n'avait pas *à beaucoup près assez* de grâces à répandre pour faire un effet *continuel*. Il en *substitua* donc aux véritables *d'idéales* [= de fausses, de

fictives, d'inventées], par la jalousie, par les petites préférences qui *se trouvaient* [= s'inventaient] *tous les jours,* et pour ainsi dire *à tous moments,* par *son art.* Les espérances que ces petites préférences et ces distinctions *faisaient naître,* et la considération qui *s'en tirait,* personne ne fut plus *ingénieux* que lui à *inventer sans cesse* ces sortes de choses (IV, 996).

Il n'est que de suivre la progression des mots en italique pour constater dans ce passage une figure sous-jacente de «création continue». En effet, deux axes sémantiques convergent − 1) *à beaucoup près, assez, continuel, tous les jours, tous moments, sans cesse;* 2) *substitua, idéales, se trouvaient, son art, faisaient naître, s'en tirait, ingénieux, inventer* − pour évoquer l'image d'un *Rex artifex* posant les assises de sa propre magnificence, fabriquant sans relâche, de toutes pièces et de son cru, les éléments de sa propre grandeur. «Les différentes adresses (= *artifices*) de cette nature qui se succédèrent les unes aux autres, ... et les attentions qu'il marquait pour avoir *toujours une cour nombreuse,* on ne finirait point à les expliquer» (p. 997). Par une cruelle dialectique, l'agrandissement de la puissance du Roi et la quantification de son ambiance s'opéraient en fonction de la disqualification des grandeurs véritables: «Peu à peu il réduisit tout le monde à *servir,* et à *grossir* sa cour» (p. 982), phénomène de grossissement qui entraîna un développement parallèle sur le plan économique: «il aima en tout la splendeur, la magnificence, la profusion», écrit Saint-Simon en lançant le paragraphe peut-être le plus célèbre des *Mémoires* (IV, 1004). Et dès cette phrase d'ouverture, l'on perçoit dans la progression *splendeur ⟩ magnificence ⟩ profusion* une marche lente et sûre vers la surabondance. Par sa propre dépense et celle qu'il encourageait, Louis XIV faisait croître sa grandeur sur les décombres des grandeurs de naissance: «le fond était qu'il tendait et parvint par là à *épuiser* tout le monde en mettant le luxe en honneur, ... et *réduisit* peu à peu tout le monde, à dépendre entièrement de ses bienfaits pour subsister». Ici encore, l'on est sensible au mouvement dialectique auquel obéit ce grossissement réductif, dont le fruit ultime était «une plus grande confusion qui *anéantissait* de plus en plus les distinctions naturelles». Cet accroissement de la dépense devient littéralement, sous la plume de Saint-Simon, une excroissance annihilante: «c'est une plaie qui, une fois introduite, est devenue le cancer intérieur qui ronge tous les particuliers». Ou, en termes plus généraux, la mise en l'honneur du luxe signalait l'évincement de la qualité par la quantité: «les gens en quelque place ne sont comptés qu'à proportion de leur table et de leur magnificence depuis cette malheureuse introduction»; d'où «la confusion des états, que l'orgueil, que jusqu'à la bienséance entretiennent, qui par *la folie du gros* va toujours en augmentant, dont les suites sont infinies, et qui ne vont à rien moins qu'à la ruine et au renversement général» (p. 1005).

Cette cour «grossie», où «la folie du gros» imposait un luxe ruineux, figurait aux yeux de Saint-Simon un mode d'asservissement similaire en tous points à celui que visait la politique militaire de Louis XIV. A l'armée, comme à la cour, à mesure que le grand fut confondu dans le gros, le service, vidé de son contenu qualitatif, fut transformé en servage: «Qui était d'âge à servir n'osait différer d'entrer dans le service. Ce fut encore une autre adresse (= *invention, artifice*) pour ruiner les seigneurs, et les accoutumer à l'égalité et à rouler pêle-mêle avec tout le monde» (IV, 982). Dans le vocabulaire de Saint-Simon, le mot *égalité,* toujours péjoratif, ne manque jamais de connoter, à l'instar de *cohue, foule, peuple,* etc., un *grossissement* et une *confusion* niveleurs. Grâce à l'Ordre du Tableau, qui fondait les promotions sur l'ancienneté au lieu de la naissance ou du mérite,

... tout ce qui servait demeurait, quant au service et aux grades, dans une égalité entière... [D]e là tous les officiers dans la *foule* de tous les officers de toute espèce; de là cette *confusion* que le Roi désirait; de là peu à peu cet oubli de tous, et, dans tous, de toute différence personnelle et d'origine, pour ne plus exister que dans cet état du service militaire devenu *populaire*, tout entier sous la main du Roi... Grands et petits, connus et obscurs, furent donc forcés d'entrer et de persévérer dans le service, d'y être un vil *peuple* en toute égalité (pp. 983–984).

A l'instar du «cancer» de la dépense à la cour et chez les particuliers, l'application de l'Ordre du Tableau en implanta un dans le corps de l'armée, où l'on vit une contagieuse multiplication, fatale à la qualité:

Les promotions introduites achevèrent de tout défigurer par achever de tout confondre, mérites, actions, naissance, contradictoire de tout cela... Le prodigieux *nombre* de troupes que le Roi mettait en campagne servit à *grossir* et à *multiplier* les promotions, et ces promotions, devenues *bien plus fréquentes* et *bien plus nombreuses* depuis, ont accablé les armées d'un *nombre sans mesure* de tous les grades (p. 989).

Ayant «*confondu* tous les grades», le Roi a fait «presque dans chaque promotion une *fourmilière* d'officiers généraux». On imagine à peine «l'embarras que cette *multiplication,* qui se peut dire *foule,* cause dans une armée... Et après tout cela on est surpris d'avoir *tant de* maréchaux de France, et *si peu* à s'en servir, et, dans une *immensité* d'officiers généraux, *un nombre si court* qui sache quelque chose» (p. 990). Agissant de pair avec Louvois, perversement et pernicieusement associé à l'accroissement de sa grandeur, Louis XIV, victime incurable de «la folie du gros», plongea la France dans «des guerres *sans mesure et sans fin*», où il déploya «des troupes *innombrables,* qui ont appris, à nos ennemis à en avoir *autant,* qui, chez eux, sont *inépuisables,* et qui ont dépeuplé le royaume» (p. 985). Comme par un déterminisme inéluctable, le grossissement dégénère ironiquement en rapetissement, la multiplication mène nécessairement à l'anéantissement, à mesure que des armées populaires/populeuses accomplissent, en l'occurrence, leur immense tâche de dépeuplement.

La «folie du gros» laissa sa marque sur toutes les entreprises de Louis XIV, dont ses constructions furent l'expression la plus voyante et durable. Versailles et Marly, tout comme la cour et l'armée, portaient un témoignage monumental à l'accomplissement prépondérant du règne de Louis XIV: l'écrasement de la qualité sous la masse de la quantité. «Ses bâtiments, qui les pourrait nombrer? En même temps, qui n'en déplorera pas l'orgueil, le caprice, le mauvais goût? » (IV, 1005). Versailles, chef-d'œuvre d'immensité et de laideur, tant par sa conception que par son exécution, étendait dans l'espace et le temps l'emprise tyrannique de la grandeur et du pouvoir royaux: «Il se plut à tyranniser la nature, à la dompter à force d'art et de trésors. Il y bâtit tout l'un après l'autre, sans dessein général; le beau et le vilain furent cousus ensemble, le vaste et l'étranglé.» Cette *confusion* – réminiscence du mélange de la bâtardise, de la confusion des «états» à la cour (p. 1005), des «grades» à l'armée (p. 990) – n'était que la projection esthétique d'une politique généralisée de quantification, destructrice de la qualité de la vie: «La violence qui y a été faite à la nature repousse et dégoûte malgré soi. L'abondance des eaux ramassées de toutes parts les rend vertes, épaisses, bourbeuses; elles répandent une humidité malsaine et sensible, une odeur qui l'est encore plus... Du côté de la cour, l'étranglé suffoque, et ces vastes ailes s'enfuient sans tenir à rien» (p. 1006). Du palais dans son entier suinte un grossissement malvenu, tirant sur le grotesque: «La chapelle qui l'écrase... a de partout la triste représentation d'un immense catafalque» (p. 1006). Cette manie de l'abondance se perçoit jusque dans les nombreux salons «entassés l'un sur l'autre»; quant aux rigoles de ses parcs, «de quatre et cinq lieues de cours, elles sont sans nombre»; ses murailles, enfin, «par leur immense contour enferment comme une petite province du plus triste et du plus vilain pays du monde» (p. 1007)

«On ne finirait point sur les défauts monstrueux d'un palais si immense et si immensément cher» (p. 1006) – si ce n'était en passant de Versailles à Marly, où Saint-Simon trouve le moyen de renchérir sur sa critique de ces «informes monuments, qui éterniseront [la] cruelle folie» de Louis XIV (p. 1008). L'aménagement de ce «méchant village» allait «d'accroissement en accroissement»; on y faisait implanter des forêts toutes faites, «toutes venues et touffues qu'on y a apportées en grands arbres de Compiègne et de bien plus loin sans cesse» (p. 1009), pour créer de «vastes espaces de bois épais et d'allées obscures, subitement changées en immenses pièces d'eaux..., puis remises en forêts à n'y pas voir le jour». On y voyait des bassins «changés cent fois, des cascades de même à figures successives et toutes différentes», des décorations «à peine achevées, rechangées et rétablies autrement par les mêmes maîtres, et cela une infinité de fois». Pour y faire venir l'eau, on mit en place une «prodigieuse machine, ... avec ses immenses aqueducs, ses conduites et ses réservoirs monstrueux». Si l'on y ajoute «les dépenses de ces continuels voyages, qui devinrent enfin au moins égaux aux séjours de Versailles, souvent presque aussi nombreux, ... on ne dira point trop sur Marly seul en comptant par milliards»

V

En tant qu'être humain, Saint-Simon fait preuve d'un manque extraordinaire de charité vis-à-vis de ses semblables; à titre d'historien, il fait montre d'assez peu d'objectivité. Quant à cette dernière il n'aurait sans doute même pas compris qu'on lui en fit le reproche. Car dans la perspective où se place son analyse, loin de figurer parmi les vertus intellectuelles ou morales de telle personne, l'objectivité relève d'une dimension *a priori* de la réalité, d'une condition existentielle produite une fois pour toutes par le jeu concerté des événements historiques, des démarches humaines et des lois, tous publiquement connus, décrits par ses prédécesseurs et enregistrés à l'usage de la postérité. Pour Saint-Simon, la légitimité, la généalogie, les prérogatives de chaque «état» fonctionnaient avec l'implacable impersonnalité d'autant de faits ou d'objets qui se soustraient, par leur nature même, à tout vœu d'invention ou de modification de la part des hommes. Eux, en revanche, et par leur nature même, sont des subjectivités, nées, justement, pour vivre sujettes à un ordre – objectif.

Et en ce sens, on pourrait décrire les *Mémoires* comme le registre du conflit déclenché lorsqu'un faible mortel, du nom de Louis XIV, se hasarda à libérer sa propre subjectivité des astreintes légales de son état royal et qu'il se complut à vouloir la substituer à l'objectivité circonstancielle de la monarchie française. Considérés dans des termes pareils et munis de leur seule signification naturelle et descriptive, les mots «réactionnaire» et «conservateur» perdent toute résonance péjorative et deviennent l'emblème de la rationalité. Dans son rôle d'historien, Saint-Simon réagissait, souvent fort violemment, contre l'invention ou l'intervention subjectives dans des aires d'activité où une analyse résolument objective impose la stricte conservation de ce qui est. Oser vouloir *donner l'être à des riens, tirer de leur néant, de leur non-être* des roturiers ou des bâtards, s'aventurer à *faire les hommes ce qu'ils ne sont pas de naissance,* de tels actes équivalent, *eis ipsis,* à des assauts de front contre une objectivité inhérente à la nature même et contre des réalités factuelles qui en sont le fruit.

A côté de cette objectivité saint-simonienne qui réside dans l'histoire, il en existe, bien entendu, une autre, la nôtre, qui réside — ou qui devrait résider — chez l'historien comme dans l'historiographie. Dans le terme de cette objectivité supérieure, l'histoire constitue non pas une forme fixe, mais un fonds mouvant, où le règne de Louis XIV marque une simple étape dans l'évolution de la monarchie. Dans l'optique de l'historiographie scientifique, Louis fait figure d'un ouvrier conscient du changement, assez perspicace pour avoir compris qu'il faisait face à un monde changé et changeant, où le capital, l'industrie et le commerce auraient désormais un rôle indéniable à jouer, et où un sage gouverneur serait obligé, ne serait-ce que par simple égoïsme, de harnacher et de faire plier à sa volonté et à son service l'impressionnante expertise, la capacité technique, l'immense richesse et, ultérieurement, le pouvoir politique potentiel inhérent à un nouveau capitalisme qui en 1660 fut déjà un fait. Tenant compte d'une convergence de réalités plus impérieuses que celles sur lesquelles se penchait Saint-Simon, Louis XIV sut concilier, politiquement — c'est-à-dire, d'une manière approximative et provisoire, mais fonctionnellement efficace — les revendications de la noblesse héréditaire, les apparences, sinon l'intégrité légale, des traditions de l'Etat et les pressions inévitables d'un système et d'une classe économiques modernes. C'est en effet une confrontation des plus bizarres, d'où un monarque absolu émerge comme un moderniste face à un réactionnaire, champion acharné de la légitimité, de la légalité et, en fin de compte, de la liberté (16). Ce n'est, par ailleurs, ni la première ni la dernière fois qu'une politique économique et sociale progressiste s'élabore sous l'étendard du pouvoir personnel ou du totalitarisme.

Dans ce concours de valeurs et de prises de position antithétiques, il ne s'agit plus à l'heure qu'il est de donner tort ou raison à l'un ou à l'autre. Au point privilégié où nous en sommes, il ne s'agit plus que de comprendre. L'histoire a vu en Louis XIV un roi assez intelligent et courageux pour avoir osé tenter un arrangement entre le legs du passé et les forces du progrès; l'histoire a reconnu le bien-fondé de l'argument de Saint-Simon, prophète du malheur, qui voyait dans cette tentative la fin de la civilisation aristocratique.

Ce que l'histoire et l'histoire littéraire tardent toujours à faire, c'est de restituer à l'entreprise de Saint-Simon la dimension spirituelle et la base métaphysique qui seules permettent d'en approfondir toute la portée et d'en apprécier toute la passion. Ou conviendrait-il plutôt de parler de la ferveur de Saint-Simon, du «chant profond» de son œuvre, lequel, au sens de M. Cabanis, serait d'une tonalité nettement «religieuse» (17)? Car le caractère religieux de la pensée de Saint-Simon dépasse de bien loin le simple cadre de sa pensée en matière de religion. De par sa structure et ses contours, par la forme et le rythme qu'elle prête au déroulement de l'histoire, cette pensée évoque les modalités d'un drame spirituel archétypique. En plus de son contenu idéologique conservateur, le «régressisme» de Saint-Simon trahit une tendance nostalgique réminiscente du sentiment profond dont s'inspire toute religion messianique et, à plus forte raison, tout mouvement réformiste (18). «Il a rêvé Louis XIII», écrit Roger Judrin, «il a vu Louis XIV» (19). Tout est là. Toute la ferveur de Saint-Simon, sa passion, l'énergie spirituelle animatrice de son œuvre, renvoient à ce décalage entre le rêve d'un temps meilleur et le spectacle du temps présent, entre la vision d'une pureté quasiment édénique et l'expérience d'une corruption, d'une confusion, d'un avilissement, d'un anéantissement généralisés. La perspective de Saint-Simon est toujours double: tout en braquant son regard sur la vie de son époque, il en lance un autre en arrière sur une antiquité qui remonte à Louis XIII, véritable paradis perdu de vertu, de droit, de justice et de qualité. Le règne de Louis XIII, qu'il connaissait par ouï-dire et qu'il marie dans son esprit au souvenir et aux souvenirs paternels, marquait à ses yeux un premier temps d'orthodoxie à partir duquel le monde déchu où il vivait avait commencé son déclin.

«Il n'y a plus d'Eglise, et cela depuis cinq ou six cent ans», avait proclamé Saint-Cyran (20). Son regard fixé sur le règne de Louis XIII, Saint-Simon en disait autant au sujet de la monarchie, qui, d'une génération à l'autre et de père en fils, avait pratiquement cessé d'exister. Sous la plume de Saint-Simon, l'histoire acquiert les dimensions d'une chute. Son régressisme — et le nihilisme qu'il engendrait — provenait d'un désespoir et motivait une censure semblables à ceux qu'exprimait le jansénisme face aux démarches modernisantes des jésuites (21). C'est en ce sens qu'on a pu parler de «l'augustinisme historique» de Saint-Simon, d'une vision du monde en laquelle l'actualité se mesure non pas par rapport au jugement ou à l'efficacité provisoires des hommes, mais en termes d'un *corpus* historiquement précis de doctrine et de lois (22). La monarchie pour Saint-Simon, comme l'Eglise pour Saint-Cyran, était «condamnée par son historicité à s'affirmer toujours identique dans un monde qui change continuellement» (23). Accepter le changement ou affecter d'y voir autre chose que déchéance, vouloir prêter un sens positif aux concepts d'adaptation, de conciliation ou d'accommodement, bref, se départir d'un pouce d'un Absolu spirituel historiquement vérifiable, être à ce point «flexible» ou «raisonnable» revient à précipiter un déclin que seul un pas résolument rétograde aurait pu prévenir.

Equivalent séculier du nostalgisme janséniste, la pensée historique de Saint-Simon touche souvent à un nihilisme et à un désespoir qui dans le domaine du sacré seraient inavouables, sinon forcément exclus. Pour emprunter le beau paradoxe de M. Coirault, c'est justement le désespoir de Saint-Simon qui le sauve: «Car Saint-Simon n'espère pas ce qu'il désire» (24). Le monde où il vivait tout en le souhaitant meilleur, tout en le méprisant, justifiait amplement les milliers de pages qu'il avait consacrées à sa censure. Ce monde ne le déçut point. Au contraire, il lui donna raison à force de persévérer dans sa médiocrité, de résister à tout effort de rédemption et de le fruster à titre personnel de tout le bien qu'il aurait pu en attendre. En 1718, le souvenir de sa «triste expérience» comme membre du Conseil de la Régence «arrache» à Saint-Simon cette «vérité»: «c'est que tout bien à faire est impossible... Tout le bien possible à faire avorte nécessairement toujours. Cette affligeante vérité, et qui sera toujours telle dans un gouvernement comme est le nôtre depuis le cardinal Mazarin, devient infiniment consolante pour ceux qui sentent et qui pensent, et qui n'ont plus à se mêler de rien» (V, 901).

«Ecrire l'histoire de son pays et de son temps — pour en revenir à notre texte de départ — c'est se convaincre du rien de tout» (*Avant-propos*, I, 13). Pour Saint-Simon la «perspective historique» est une «perspective éternelle» (25). Tout mouvement qui n'est pas conditionné par le désir de promulguer le passé dans l'avenir, se voit condamné à dévier vers le bas. La marche du temps, le cours de l'histoire, le déroulement des événements figurent à son esprit autant d'égarements, de glissements, de déclins en direction du néant. En un sens très réel, la grande tâche des *Mémoires* consistait à décrire le «progrès» vers ce néant. Dans le cas personnel de Saint-Simon les bas-fonds furent atteints avec la mort du duc d'Orléans. Cet événement, qui mettait fin à tous ses espoirs, n'évoqua chez ce maître de la phrase diluviale que ce commentaire lapidaire: «Tel est ce monde et son néant» (VII, 385). D'une manière générale, la mort des grands — amis ou ennemis, n'importe — constituait souvent une incitation au nihilisme et parfois même sa justification. «Ainsi périssent... les familles de ces ministres si puissants...», prononçait-il à la mort de la duchesse de Sully, «qui semblent, dans leurs fortunes, les établir pour l'éternité» (II, 9). Sous la plume de Saint-Simon, ce *Sic transit* amène d'ores et déjà comme corollaire un *contemplus mundi,* à force égale: en parlant de l'agonie de Guillaume III, Saint-Simon imaginait que ce roi «devait sentir que les plus grands hommes finissent comme les plus petits, et voir le néant de ce que le monde appelle les plus grandes destinées» (p. 54). «Ainsi, va le cours du monde» (p. 874), déclare Saint-Simon sur un ton de prédicateur, pour terminer son chapitre sur la fin de Mme de Montespan. Son mot sur la perte de Louvois, «Ainsi va la cour» (IV, 967), exprime un désabusement nihiliste qui lors du passage du Dauphin n'était pas encore à ce point achevé: «Et voilà la cour et le monde! J'éprouvai alors le néant des plus désirables fortunes par un sentiment intime qui toutefois marque combien on y tient... Je ne voulus longtemps que m'enfuir, et ne revoir jamais la figure trompeuse de ce monde» (III, 1200). Lorsqu'enfin il se résolut à cette fuite, ce fut dans un état d'esprit rasséréné et philosophe, où il put enfin se dire un homme «qui a renoncé à tout secret et à toutes affaires», vivant dans «la plus tranquille retraite», et pouvant «s'amuser à voir de loin les mouvements du monde dont on est délivré» (26).

Ce serein détachement est-il authentique, sincère? Même s'il l'était, il importerait peu de le savoir. Car il ne s'agirait là que des sentiments de l'homme que fut Saint-Simon, peut-être tout au plus de celui qu'il aurait voulu être ou paraître. L'homme de l'œuvre, en revanche, celui dont la vision apocalyptique nous a valu les *Mémoires,* celui-là s'était acharné, heureusement, à suivre de près «les mouvements du monde» et, en se refusant le luxe de s'en délivrer, à se faire l'historien attitré de son déclin.

Notes

(1)   *Nouveaux lundis,* X, 277

(2)   Lettre au comte d'Argenson, 4 nov. 1749 (VII, 467): «je suis de vieux temps et point du nouveau.»

(3)   Le plus souvent, c'est le côté scandaleux et inadmissible de cette réussite que Saint-Simon appuie: «Que penser donc d'une créole publique, veuve à l'aumône de ce poète cul-de-jatte, etc.? » (IV, 358) «elle parvint à ce que nos yeux ont vu, et que la postérité refusera de croire» (1021); «Ce n'était pas sa faveur qui la blessait (*i.e.,* Monsieur); mais d'imaginer que la Scarron était devenue sa belle-sœur, cette pensée lui était insupportable» (I, 916).

(4)   Cf. la suite du portrait: «Il *régentait* au Palais-Royal, chez Monsieur le Grand et chez ses frères, chez le maréchal de Villeroy, en fin chez *tous* les gens en *première* place. Il s'était rendu *maître* des modes, des fêtes, des goûts, *à tel point* que *personne* n'en donnait *que* sous sa *direction,* à commencer par les princes et les princesses du sang, et qu'il ne se bâtis-

94

sait ou ne s'achetait *point* de maison qu'il ne présidât à la manière de la tourner, de l'orner et de la meubler» (p. 721). Le prestige de Langlée était grand au point de se faire reconnaître publiquement par le Roi. V. la lettre de Mme de Sévigné du 6 nov. 1976, éd. R. Duchêne (Pléiade), II, 443.

(5) V. *supra*, pp. 47–52.

(6) Chez la plupart, le fait de posséder «toutes sortes d'esprit» est nettement péjoratif; dans le cas de la princesse des Ursins, en revanche, cette particularité est prise pour une fois en bonne part: «je n'ai jamais vu personne en approcher, soit dans le corps, soit dans l'esprit, dont elle avait infiniment, et de toutes les sortes» (I, 954).

(7) De même que Saint-Simon accuse une forte connivence entre la nullité et la réussite, de même il semble postuler une étroite alliance entre le succès, tant mondain que politique, et la laideur, surtout féminine. Cf. I, 45–46 (la marquise de Montchevreuil): «une grande créature maigre, jaune, qui riait niais, et montrait de longues et vilaines dents, ... et à qui il ne manquait que la baguette pour être une parfaite fée. Sans aucun esprit elle avait tellement *captivé* Mme de Maintenon qu'elle ne voyait que par ses yeux... Tout, jusqu'aux ministres, jusqu'aux filles du Roi, *tremblait devant elle...* Elle était de *tous* les voyages et *toujours* avec Mme de Maintenon»; II, 132: «Cette princesse d'Harcourt fut une sorte de personnage qu'il est bon de faire connaître, pour faire connaître particulièrement une cour *qui ne laissait pas d'en recevoir de pareilles.* Elle avait été fort belle et galante; quoiqu'elle ne fût pas vieille, les grâces et la beauté s'étaient tournées en gratte-cul. C'était alors une grande et grosse créature fort allante, couleur de soupe au lait, avec de grosses et vilaines lippes, et des cheveux de filasse toujours sortant et traînants comme tout son habillement sale, malpropre.»

(8) Pour de plus amples analyses des portraits de ces quelques personnages, v. *supra*, pp. 53–5 63–64..

(9) *Supra*, pp. 27–28.

(10) Le rapport ironique entre une grandeur superficielle et une petitesse ou un néant essentiel est presque un tic stylistique sous la plume de Saint-Simon. Cf. II, 131 (le prince d'Harcourt): «C'était un grand homme bien fait, qui, avec l'air noble et de l'esprit, avait tout à fait celui d'un comédien de campagne; grand menteur, grand libertin d'esprit et de corps, grand dépensier en tout, grand escroc avec effronterie, et d'une crapule obscure, qui l'anéantit toute sa vie»; 667 (Marcin): «C'était un extrêmement petit homme, grand parleur, plus grand courtisan, ou plutôt grand valet, ... plutôt bas et complimenteur à l'excès que poli... esprit futile, léger, de peu de fonds, de peu de jugement, de peu de capacité, dont tout l'art et le mérite allait à plaire. Il était moins que rien, du pays de Liège».

(11) A l'occasion de la mort du marquis de Praslin, gentilhomme, subalterne à la bataille de Cassan du duc de Vendôme, bâtard, Saint-Simon se livrait à la réflexion suivante: «Ainsi périssent dans des emplois communs des seigneurs de marque, dont le génie supérieur soutiendrait avec gloire le faix des plus grandes affaires et de guerre et de paix, *si la naissance et le mérite n'étaient pas des exclusions certaines*» (II, 497). Il est fort douteux que les mots en italique aient été écrits dans un but ironique. Au contraire – et de la même manière que le «c'en était fait» (IV, 951) ci-dessus – Saint-Simon a tout l'air d'avancer ces amères observations à titre d'explications historiques, tributaires à leur tour d'une perversité caractérielle chez Louis XIV, roi qui sut préférer des bourgeois et des bâtards aux gens d'une qualité attestée.

(12) Louis XIV aurait refusé de nommer Trois villes à l'Académie à cause de son «entier éloignement de la cour»: «il s'en trouvera dans la suite de voir quel crime c'était, non de lèse-majesté, mais de lèse-personne de Louis XIV, que faire profession de ne le jamais voir» (II, 328–329). Dans la critique de Saint-Simon, quel que soit l'abus qu'il dénonce, cette confusion entre l'état de roi et la personne royale est toujours fondamentale.

(13) V. *supra*, pp. 67–68.

(14) «[S]es grands ministres..., sortis de la boue, se sont faits les seuls existants et ont renversé toutes choses» (I, 9). Cf. *supra*, p. 77, notes 49–50.

(15) Prédilection pour la bâtardise que Saint-Simon ne se lasse d'invoquer dans son effort pour rendre compte de la faveur inouïe du duc de Vendôme. Cf. II, 208: «le mérite de sa nais-

sance»; 499: le «pouvoir de sa naissance» sur le Roi; 573: le «faible du Roi pour sa naissance»; 649: «Le Roi était convenu... de la manière dont il vivrait avec M. de Vendôme, duquel la naissance lui était plus chère que les rangs de son royaume.»

(16) V. les remarques de José Cabanis, *Saint-Simon l'admirable*, Paris, 1974, pp. 92–93, sur le caractère «singulièrement *moderne*» du gouvernement de Louis XIV. C'est Cabanis qui souligne.

(17) *Ibid.*, pp. 143–144.

(18) M. Coirault évoque, avec la sensibilité qu'on lui connaît, toutes les résonances de ce «régressisme»: «Solitude de Saint-Simon», in *Manuel d'histoire littéraire de la France*, éd. Pierre Abraham et Roland Desne, Paris, 1969, III, 180–196.

(19) *Saint-Simon et son œuvre*, Paris, 1970, p. 42.

(20) Sainte-Beuve, *Port-Royal*, éd. Maxime Leroy, (Pléiade), Paris, 1952, t. I, p. 339.

(21) Selon Saint-Simon, les jésuites auraient fait accroire à Louis XIV «que les jansénistes étaient une secte d'indépendants qui n'en voulaient pas moins à l'autorité royale qu'ils se montraient réfractaires à celle du Pape, que les jésuites appelaient l'Église» (III, 324). On devine facilement la sympathie que devaient inspirer à Saint-Simon cette «secte d'indépendants» et leur réputation de contestataires. Au sujet des rapports idéologiques entre Saint-Simon et le jansénisme, consulter Yves Coirault, *L'Optique de Saint-Simon: Essai sur les formes de son imagination et de sa sensibilité d'après les «Mémoires»*, Paris, 1965, pp. 571–578 et H. Himelfarb, «Saint-Simon et le jansénisme des Lumières», *Studies on Voltaire and the Eighteenth Century* 88: 749–768, 1972.

(22) C'est Mme Himelfarb (*loc. cit.*, p. 751) qui se sert de l'expression *augustinisme historique* pour caractériser la réflexion de M. Coirault sur cette question – tout en soupçonnant, me confie-t-elle dans une lettre, que cette heureuse formule pourrait être de M. Coirault lui-même. Quant à l'auteur de l'*Optique de Saint-Simon*, il partage le soupçon de Mme Himelfarb, sans pouvoir préciser pour autant dans lequel de ses écrits il aurait pu employer l'expression dont il s'agit.

(23) H. Gouhier, «La tragédie des *Provinciales*,» *La Table Ronde*, 171: 55, avril 1962.

(24) «Solitude,» p. 181.

(25) Coirault, *Optique*, p. 578.

(26) Lettre au marquis de Fénelon, 2 janv. 1734 (VII, 482).

Bibliographie critique des études consacrées à Saint-Simon, 1959-1978

établie par Robert A. Picken

Sigles

AIHI	Archives internationales d'histoire des idées
AP	Albums de la Pléiade
AUMLA	AUMLA. Journal of the Australasian Universities Language and Literature Association.
BBB	Bulletin du bibliophile et du bibliothécaire
BBF	Bulletin des Bibliothèques de France
BBN	Bulletin de la Bibliothèque Nationale. Paris
BCLF	Bulletin critique du livre français
BF	Bibliographie de la France
BN	Bibliothèque Nationale, Paris
CAIEF	Cahiers de l'Association internationale des études françaises
DHS	Dix-huitième Siècle
DSS	XVIIème siècle. Bulletin de la Société d'études du XVIIe siècle
EHA	Ecrivains d'hier et d'aujourd'hui
FL	Le Figaro littéraire
FR	The French Review
FS	French Studies
GELF	Grands écrivains de la France
IL	L'Information littéraire
ISLL	Illinois Studies in Language and Literature
MLN	Modern Language Notes
MLR	Modern Language Review
NL	Les Nouvelles littéraires
NEO	Neophilologus
NRF	La Nouvelle revue française
Paid	Paideia. Rivista letteraria di informazione bibliographica
PFP	Publications de la Faculté des lettres et sciences humaines de Poitiers
PMLA	Publications of the Modern Language Association of America
PQ	Philological Quarterly
PUF	Presses universitaires de France
RBP	Revue belge de philologie et d'histoire
RDM	La Nouvelle revue des deux mondes
RHD	Revue d'histoire diplomatique
RHL	Revue d'histoire littéraire de la France
RR	The Romanic Review
RSH	Revue des sciences humaines
Rsyn	Revue de synthèse
SC	Stendhal-Club: nouvelle série. Revue trimestrielle
SF	Studi francesi
SVEC	Studies on Voltaire and the Eighteenth Century

Bibliographie critique

Ce travail complète pour les années 1959 à 1978 la notice consacrée à Saint-Simon dans la *Critical bibliography of French literature* (Syracuse University Press, 1961. v. 3, pp. 336–341). (1)

Ressources bibliographiques

Bibliothèque Nationale. Catalogue de l'Exposition Saint-Simon ou «l'Observateur véridique». (Mireille Pastoureau) 1976. xix–156 p.

Catalogue admirablement illustré de l'exposition pour le tricentenaire de la naissance de S., qui avait comme objet une présentation visuelle du monde des *Mémoires*. Préface par Georges Le Rider, introduction par Edmond Pognon, notices par Mireille Pastoureau. On y trouve indiquées les cotes de la BN ou la provenance de tous les mss, imprimés, documents et autres objets exposés. Index de noms propres.

Comptes rendus: Anon. dans BBF 21: 23–24, 1976; C. Girou de Buzareingues dans BF, 2e partie: Chronique 165: 518–528, 1976; E. Pognon dans BBN 1: 25–26, 1976; G. Spiteri dans NL 5, 5 février 1976; J. Suffel dans BBB 62–64, 1976.

Cahiers Saint-Simon. Société Saint-Simon, 1973.

Une *Chronique des travaux relatifs à Saint-Simon* y présente un très utile aperçu des travaux publiés et des recherches en cours. Le no. 1 fait état des années 1970–1973; recensement annuel par la suite.

Coirault, Yves. Etat présent des études sur le duc de Saint-Simon. IL 27: 151–161, 1975.

A la suite d'un examen succinct des diverses éditions des œuvres de S. et ayant évoqué la nécessité d'une édition vraiment complète, l'auteur passe en revue les études critiques parues depuis 1964 en signalant d'importantes voies de recherche qui restent à être explorées. Pour les années 1939–1964 *voir* l'article du même auteur dans IL 16: 139–146, 1964.

–Les manuscrits du duc de Saint-Simon: bilan d'une enquête aux archives diplomatiques. PUF, 1970. 204 p. (PFP, 7)

L'auteur réfute les dires de E. Drumont (éd. *Papiers inédits... sur l'ambassade d'Espagne.* Quantin, 1880) et de F.-R. Bastide (*Saint-Simon par lui-même.* Seuil, 1953) selon lesquels les Archives Diplomatiques renfermeraient une quantité impressionnante de mss inédits de S. Un examen compréhensif des dossiers montre qu'il ne manque au maximum que 22 1/2% de mss saisis en 1760. Bon nombre d'entre eux seraient des textes divers provenant d'autres auteurs. Cette étude comporte un relevé des documents saint-simoniens conservés au Quai d'Orsay avec indications de dossier et descriptions des mss. En plus, il y a 30 p. d'inédits, y compris un texte curieux de 1738, *Cardinaux considérables. Voir aussi* Jean de Pins: *Saint-Simon et le Dépôt des Affaires Étrangères.* RHD 78: 193–224, 1964.

Comptes rendus: A. Delorme dans Rsyn 92: 394–395; G. Dethan dans RHD 84: 359–360, 1970; H. Himelfarb dans DHS 4: 437, 1972, et dans RHL 71: 702–703, 1971; G. Mirandola dans SF 14: 550–551, 1970.

Pecchioli Temperani, Alessandra. Nel tricentenario della nascità di Saint-Simon: panorame critico-bibliografico. Paid 31: 125–131, 1976.

Aperçu utile.

Éditions

Saint-Simon, Louis de Rouvroy, *duc* de. Grimoires de Saint-Simon. Nouveaux inédits présentés et annotés par Yves Coirault. Klincksieck, 1975. 319 p.

Recueil important d'inédits provenant des Archives Diplomatiques. Classement par sujet plu tôt que par ordre chronologique. Malheureusement, dans plusieurs cas, l'éditeur ne fournit que des extraits très brefs. Soigneusement annoté; renvois bibliographiques de grande valeu

Comptes rendus: C. Chantalat dans IL 28: 176, 1976; A. Devyver dans RBP 56: 504–505, 1978; A. Delorme dans Rsyn 97: 397–398, 1976; G. Dethan dans RHD 89: 166–167, 1975; H. Himelfarb dans RHL 78: 122–127, 1978; M.S. Koppisch dans MLN 92: 845–847, 1977; A. Pecchioli Temperani dans SF 20: 149–150, 1976.

— Mémoires. Ramsay, 1977=(Publication prévue en 20 v.)

Réimpression de la monumentale édition Boislisle avec un appareil critique des plus réduits Chaque volume comporte une présentation de S. par un auteur connu.

Comptes rendus: Anon. dans BCLF 1305, juillet 1977; A. Bourin dans RDM 679–684, jan vier-mars 1978; P. Cambescot dans NL 8, 1er septembre 1977.

Œuvres complètes, publiées par René Dupuis, Hubert Comte et Francis Bouvet. Tome I [seul volume publié]: Note sur le duchéparie de Saint-Simon. Parallèle des trois premiers rois Bourbons. Pauvert, 1964. clxxxix–751 p.

Ce volume reproduit le texte fautif de P. Faugère (éd. *Ecrits inédits de Saint-Simon*. Hache te, 1880–1893. 8 v.), mais dans l'introduction et dans les notes les éditeurs réévaluent les jugements historiques de S. sous l'éclairage de l'érudition contemporaine. Ils se montrent p compréhensifs à l'égard de S. que P.-A. Chéruel (*Saint-Simon considéré comme historien de Louis XIV*. Hachette, 1865. 660 p.) et A. de Boislisle (éd. *Mémoires de Saint-Simon*. Hachette, 1879–1930. 43 v. GELF). Chronologie utile, longue introduction biographique, bibliographie importante. Somptueusement illustré.

Compte rendu: H. De Ley dans MLN 81: 110–112, 1966.

Études Critiques

Auerbach, Erich. [Saint-Simon.] *Dans son:* Mimesis. Dargestellte Wirklichkeit in der abendländischen Literatur. Berne, Francke, 1946. p. 364–381. *Traduction française* par Cornélius Heim. Gallimard. 1968, p. 411–428.

Etude pénétrante de S. comme artiste littéraire, à laquelle la critique saint-simoniste n'a pa prêté toute l'attention qu'elle mérite. L'auteur démontre comment dans ses portraits S. op re «un mélange... de traits physiques et moraux, intérieurs et extérieurs,» afin de saisir «l'essence intime de l'ensemble» (p. 420). Il conclut que S. est «un précurseur des manière modernes (et même très modernes) de concevoir et de représenter la vie» (p. 426).

Benedetti, Ezio. Rileggendo i Mémoires del duca di Saint-Simon. *Dans:* Studi in onore di Vitto Lugli e Diego Valeri. Venise, Pozza, 1961. I, 83–101.

Étude générale de valeur, quoiqu'un peu périmée. L'auteur souligne le fait, négligé par bien des critiques, que seulement une lecture intégrale des *Mémoires* peut amener à une juste ap préciation de la personnalité de S. et de son style. Conclusion: en tant qu'écrivain S. S. «possiede in definitiva tutte le migliori qualità del più genuino classicismo» (p. 101). (Cf. C. Saint-Girons, *Le classicisme de Saint-Simon*. DSS 35: 149–162, 1957). Notes excellentes où l'auteur fait le point de toute la critique saint-simoniste significative parue antérie rement.

Compte rendu: F. Simone in SF 5: 553, 1961.

Brancourt, Jean-Pierre. Le duc de Saint-Simon et la monarchie. Cujas, 1971, 286 p.

Thèse importante. Avec une érudition exemplaire l'auteur réussit à réhabiliter S. comme penseur politique et à démontrer la cohérence interne de ses idées. Sont soulignés ses poin de contacts avec les théoriciens du 18e et du 19e siècles, Montesquieu notamment, mais aussi Burke, Josephe de Maistre, Taine et Renan. S. ressort comme un représentant de son propre siècle plutôt qu'un féodal attardé. Malheureusement l'exposé est mal organisé et le livre est rempli d'erreurs typographiques. Une version primitive de cette étude avait été publiée sous le titre *Le prince d'après Saint-Simon* dans *Le prince dans la France des 16e et 17e siècles,* PUF, 1965. p. 205–283.

Comptes rendus: A.J. Bingham dans FR 46: 828–829, 1972–1973; Y. Coirault dans DSS 98–99: 177–182, 1973; A. Devyver dans RBP 50: 1268–1271, 1972; A. Pecchioli Temperani dans SF 17: 552, 1973.

Cabanis, José. Saint-Simon l'admirable. Gallimard, 1974. 230 p.

Initiation agréable à l'univers de S. par un romancier de talent qui connaît bien l'œuvre du mémorialiste et le 17e siècle. La partie la plus intéressante de cet essai est celle, vers la fin, où l'auteur cherche à caractériser les attitudes religieuses de S.

Comptes rendus: Y. Coirault dans RHL 75: 835–838, 1975; R. Judrin dans NRF 269: 95–96, 1975; C. Michaud dans DHS 10: 500, 1978; A. Pecchioli Temperani dans SF 19: 153–154, 1975.

Coirault, Yves. Les Additions de Saint-Simon au Journal de Dangeau: perspectives sur la genèse des Mémoires. Colin, 1965. 354 p.

Thèse complémentaire de *L'optique de Saint-Simon (infra);* d'un intérêt presque équivalent mais d'un abord plus facile. Etude statistique de l'étendue des *Additions,* description méticuleuse du ms, comparaison systématique des *Additions* avec le texte des *Mémoires.* L'auteur élucide les différentes étapes dans l'évolution de la vision du monde chez S.

Comptes rendus: G. Mirandola dans SF 11: 149–150, 1967; J. Plantié dans RHL 67: 819–820, 1967.

–La forme et le miroir dans les Mémoires de Saint-Simon. DSS 94–95: 167–187, 1971.

Analyse qui éclaire d'une façon générale le rapport entre autobiographie et histoire dans les *Mémoires.*

–Un La Bruyère à la Tacite. CAIEF 18: 159–166, 1966.

Comparaison intéressante entre S. et La Bruyère. Selon l'auteur, quoique plusieurs des portraits dans les *Mémoires* (Dubois, Noailles, Villars) se rangent à bon droit parmi les plus représentatifs du genre, ils ne proviennent pas d'une abstraction consciente chez le mémorialiste et ne peuvent être divorcés de sa vision de l'histoire.

–«Un morceau si curieux...» la stylisation historique dans les Mémoires de Saint-Simon. RHL 71: 207–225, 1971.

Comparaison d'une première version autographe du *Lit de Justice* du 26 août 1718, conservée aux Archives Diplomatiques et écrite peu après l'événement, avec la version définitive dans les *Mémoires,* écrite en 1747. L'auteur fait une analyse magistrale de la fonction créatrice de la falsification de l'histoire chez S.

–Nouvelles et mémoires: Saint-Simon et les problèmes du romanesque. CAIEF 27: 145–169, 1975.

Étude intéressante de «quelques micro-systèmes narratifs» dans les *Mémoires* d'où il ressort que S. était «romanesque» malgré lui. *Voir aussi* l'article d'Hélène Himelfarb: *Saint-Simon, les romans et le roman* dans *Roman et lumières au XVIIIe siècle.* Editions Sociales, 1970. p. 38–47.

–L'optique de Saint-Simon: essai sur les formes de son imagination et de sa sensibilité d'après les Mémoires. Colin, 1965. 716 p.

Thèse fondamentale, d'inspiration structuraliste, qui a occasionné le renouvellement des études saint-simonistes. Cet ouvrage tout à fait indispensable n'est pourtant pas toujours d'une lecture facile, étant donné son embarras de richesses en notes et en documentation qui tend parfois à obscurcir le rapport entre les parties et l'ensemble. Selon l'hypothèse initiale de l'auteur, il existe un certain nombre de modes de vision caractéristiques qui confèrent de l'unité au contenu diffus des *Mémoires*. Ces «constantes de vision» sont étudiées à des niveaux successifs: le physique, le moral, l'artistique. Mais au cours de cette vérification l'hypothèse se transforme, et ce qui avait commencé comme la recherche de l'optique du mémorialiste devient une poursuite, quelquefois vertigineuse, de S. lui-même: «C'est ici le miroir qui nous intéresse et peut-être n'est-il pas d'autre définition du Moi d'un écrivain» (p. 405, n. 13). Quoiqu'il ne réussisse pas toujours à synthétiser au même degré tous les éléments de sa vaste enquête, l'auteur n'en reste pas moins le premier à avoir rendu manifestes les véritables dimensions littéraires et spirituelles de l'œuvre de S. Cette thèse comporte la bibliographie la plus complète de S. jusqu'en 1965 et une très utile *Table de concordance* du ms des *Mémoires* avec les éditions Boislisle et Pléiade.

Comptes rendus: T. Goyet dans DSS 86–87: 186–194, 1970; E. Lehouck dans RBP 46: 1039–1042, 1968; G. Mirandola dans SF 11: 149, 1967; W.G. Moore dans FS 21: 158–160, 1967; J. Plantié dans RHL 67: 819–820, 1967; H.D. Sellstrom dans FR 40: 563–565, 1966, 1967; F. Vial dans RR 59: 136–138, 1968.

De Ley, Herbert. Marcel Proust et le duc de Saint-Simon. Urbana, Illinois Univ. Press, 1966. 133 p. ISLL, 57.

L'auteur établit avec plus de précision que D.C. Cabeen (*Saint-Simon and Proust*. PMLA 46: 608–618, 1931) la dette de Proust envers S. Il montre que Proust a assimilé les *Mémoires* entre 1899 et 1914, ce qui «a aiguisé chez [lui] une sensibilité déjà éveillée» (p. 120), mais il ne considère pas tous les aspects de cette question compliquée.

Compte rendu: R.A. Picken dans MLR 63: 486–488, 1968.

– Saint-Simon, memorialist. Sherbrooke, Québec, Editions Naaman, 1975. 153 p. (English Series, 2).

Monographie importante. Ayant étudié les mémoires contemporains, publiés et manuscrits, compris dans la bibliothèque de S., l'auteur découvre qu'ils ont profondément influencé la conception et la rédaction des *Mémoires,* surtout en ce qui concerne les principes d'organisation et les conventions linguistiques. En plus il trouve que S. a essayé «to explode myths of historical determinism… and perhaps even historical explanation itself» (p. 143). Une partie de cet ouvrage avait paru sous le titre «*Un enchaînement si singulier…*». MLN 85: 479–489, 1970.

Comptes rendus: I. Barko dans AUMLA 47: 81–82, May 1977; M.S. Koppisch dans MLN 92: 847–848, 1977; A. Pecchioli Temperani dans SF 20: 150, 1976; R.A. Picken dans Choice 13: 248, 1976.

Dubois, E.T. L'accueil de Saint-Simon en Angleterre. DSS 100: 55–62, 1973.

L'auteur suit la fortune de S. en Angleterre depuis l'accueil enthousiaste qu'Horace Walpole réserva aux *Mémoires;* elle trouve qu'au 19e siècle les Anglais l'ont considéré comme un libéral éclairé et au 20e plutôt comme un snob aux idées moyenâgeuses.

Elden, D.J.H. van. Esprits fins et esprits géométriques dans les portraits de Saint-Simon. La Haye, Nijhoff, 1975. ix–286 p. AIHI, 50.

Etude intelligente et bien documentée des structures linguistiques employées par S. pour analyser les facultés de l'esprit. L'auteur en souligne les aspects idiolectiques mais met au jour un système sémantique intégré. A l'encontre de beaucoup de critiques traditionnels, il soutien que les portraits de S. sont des représentations «idéographiques» plutôt que «picturales». Bibliographie. Un chapitre important de cette étude avait paru sous le titre *Le mythe de «l'esprit Mortemart» dans les Mémoires de Saint-Simon.* Neo 57: 244–257, 341–352, 1973.

Comptes rendus: Y. Coirault dans RHL 77: 631–636, 1977; A. Pecchioli Temperani dans SF 20: 355–356, 1976.

Fortassier, Rose. Du mémorialiste au romancier: Balzac lecteur de Saint-Simon. *Dans:* Roman et société. Compte rendu d'un colloque organisé par la Société d'histoire littéraire de la France. Colin, 1973. p. 18–28, *avec discussion,* p. 59–61.

L'auteur signale un nombre de ressemblances dans les détails mais voit surtout une influence globale. A peine convaincant.

Gieling, T. Stendhal lecteur de Saint-Simon. SC 6: 284–295, 1964–1965; 7: 21–38, 100–112, 1965–1966.

L'étude la plus complète et la plus érudite des notes marginales faites par Stendhal sur un exemplaire de S. Yves Coirault fournit des arguments convaincants contre la thèse selon laquelle S. aurait exercé une influence profonde sur Stendhal: *Le duc de Saint-Simon «phare» de Stendhal?* SC 14: 297–316, 1971–1972.

Goyet, Thérèse. Histoire et charité: l'écriture sainte de Saint-Simon. DSS 94–95: 139–151, 1971.

Discussion de la façon dont S. a pu accorder le manque de charité révélé dans ses jugements à l'égard d'autrui avec son christianisme profond, problème qui a par deux fois suscité des crises de conscience chez lui. L'auteur décèle l'influence du *Discours sur l'histoire universelle* de Bossuet.

Guggenheim, Michel. Saint-Simon anthropophage. FR 40: 597–603, 1966–1967.

Etude intéressante mais non-systématique de certaines créations verbales saint-simoniennes. L'auteur conclut que «les expressions qui naissent spontanément sous sa plume... trahissent une nature vindicative qui prend parfois couleur de véritable anthropophagie psychologique» (p. 603).

Hallig, Rudolf. Über Form und Eingliederung der wörtlichen Rede in den Memoiren des Duc de Saint-Simon. *Dans*: Syntactica und Stilistica, Festschrift für Ernst Gamillscheg. Tübingen, Niemeyer, 1957. p. 191–213. *Aussi dans son*: Spracherlebnis und Sprachforschung. Heidelberg, Winter, 1970. p. 139–155.

Contribution importante à l'étude du style de S. L'auteur analyse dans le texte des *Mémoires* les endroits où S. passe de la narration à la troisième personne à la citation directe. Il distingue quatre espèces de citation directe et apprécie l'effet de chacune.

Himelfarb, Hélène. Culture historique et création littéraire: Saint-Simon lecteur d'histoire et de mémoires. DSS 94–95: 119–137, 1971.

L'auteur fait état des 1246 livres imprimés que S. possédait entre 1693 et 1755 et de ce qu'on sait des 299 dossiers de notes et d'ouvrages historiques manuscrits contenus dans sa bibliothèque. Elle conclut que le mémorialiste avait une culture solide et une grande envergure d'esprit; son choix de livres serait essentiellement celui d'un érudit du 18e siècle. Pour une analyse statistique méticuleuse de la bibliothèque de S., *voir* Dirk Van der Cruysse: *La bibliothèque de Saint-Simon.* DSS 94–95: 153–166, 1971.

–Du nouveau sur Saint-Simon: la version des Mémoires soumise à Rancé. RHL 69: 636–687, 1969.

Extraits de la *relation,* découverte parmi les porte feuilles manuscrits d'Antoine Lancelot, que S. rédigea en 1699 concernant la querelle des ducs et pairs avec le duc du Luxembourg et qu'il soumit à Armand de Rancé pour savoir si un chrétien pouvait en toute conscience écrire l'histoire de son temps. Véritable première version d'une partie des *Mémoires*, il est intéressant de comparer ce texte à la version définitive: on voit jusqu'à quel point les *Mémoires* sont l'œuvre d'un écrivain mûr et expérimenté. *Voir aussi* l'article d'Yves Coirault, *L'orateur à la lanterne.* RSH 131: 363–368, 1968.

–Saint-Simon et le jansénisme des Lumières. SVEC 88: 749–768, 1972.

L'auteur réexamine avec finesse le prétendu jansénisme de S. auquel la critique du 19e siècle a prêté une grande attention. Soulignant «l'augustinisme fondamental» du mémorialiste, elle tente de le rattacher à un jansénisme avant-coureur du 18e siècle, de nuance large et éclairée, plutôt qu'au jansénisme «proprement jansénien» issu de l'évêque d'Ypres.

–Saint-Simon et les «nouveaux savants» de la Régence. *Dans:* La Régence. Colin, 1970. p. 105–130.

L'auteur examine la collaboration entre S. et le savant Antoine Lancelot, signalant la valeur des portefeuilles manuscrits de ce dernier pour les études saint-simonistes.

Judrin, Roger. Saint-Simon. Seghers, 1970. 192 p. (EHA, 34)

Essai très personnel rempli d'observations séduisantes. Judrin décrète que «Saint-Simon pense peu et il voit tout» (p. 40); pour S. les rangs, l'étiquette, le cérémonial, etc., constitueraient un système sémiotique qui aurait remplacé la pensée. Le volume comporte aussi un bon choix d'extraits.

Compte rendu: M. Chapelan dans FL 24, 16 novembre 1970.

Mercanton, Jacques. Saint-Simon: portrait de Fénelon. *Dans:* De Ronsard à Breton, recueil d'essais, hommages à Marcel Raymond. Corti, 1967. p. 90–99.

Excellent essai qui sert de mise en garde contre une lecture irréfléchie de S. L'auteur étudie les divers portraits de Fénelon dans les *Mémoires* et note les insuffisances de chacun. D'où la conclusion que «la complexité psychologique, la subtilité morale, surtout l'expérience spirituelle aiguë, singulière, qui appartiennent à Fénelon ne sont pas à sa portée» (p. 97).

Compte rendu: S. Crotto dans SF 12: 156, 1968.

Muhlstein, Anka. La femme-soleil: les femmes et le pouvoir, une relecture de Saint-Simon. Denoël-Gonthier, 1976. 183 p.

Quoiqu'entaché de propagande féministe et destiné au grand public, ce petit volume contient des remarques perspicaces concernant l'attitude de S. envers les femmes et sur l'importance de la femme dans le monde des *Mémoires*.

Compte rendu: A. Pecchioli Temperani dans SF 20: 618–619, 1976.

Poisson, Georges. Album Saint-Simon. Gallimard, 1969. 337 p. (AP, 8)

Iconographie élégante qui réunit quelque 457 illustrations touchant tous les aspects de la vie et du travail du mémorialiste. Le commentaire constitue une biographie succincte et utile. Index d'illustrations et de noms propres.

Compte rendu: H.T. Barnwell dans SF 14: 350, 1970.

–Monsieur de Saint-Simon. Berger-Levrault, 1973. 448 p.

Biographie au ton mesuré, bien écrite et soigneusement documentée, qui traite en grand détail les années que S. a passées à la cour. S'appuyant sur le fruit des recherches historiques modernes et sur de nombreux textes inédits, l'auteur présente un S. moins passionné que les *Mémoires* ne le laisseraient supposer (il paraîtrait par exemple que S. aurait été moins hostile envers Dubois que les *Mémoires* ne l'indiquent). Dans son dernier chapitre l'auteur esquisse l'histoire des mss saint-simoniens et donne un aperçu des études critiques récentes.

Comptes rendus: G. Dethan dans RHD 87: 357–358, 1973; R. Judrin dans NRF 256: 96–97, 1974; A. Pecchioli Temperani dans SF 20: 150, 1976; J. de Ricaumont dans RDM 505–507, octobre-décembre 1974; P. Sipriot dans FL 11, 29 décembre 1973.

Roujon, Jacques. Le duc de Saint-Simon, 1675–1755. Wapler, 1958. 751 p.

Biographie plutôt traditionnelle, mais équilibrée et d'une précision remarquable. La vie du courtisan et la vie de l'écrivain sont dessinées à titre parallèle. L'auteur se sert largement des fonds d'archives et des jugements contemporains mais ne fournit ni notes ni renvois. Il y a un chapitre intéressant mais conjectural sur la genèse des *Mémoires*.

Comptes rendus: E. Benedetti dans SF 4: 151, 1960; G. Bonaccorso dans Paid 14: 217, 1959.

Sauvel, Tony. Saint-Simon et les appartements du Régent. RHL 62: 189–197, 1962.

L'auteur reconstruit les dispositions des appartements du Palais-Royal entre 1692 et 1723 et les compare avec les descriptions de S. Il signale les endroits où de nombreux épisodes passionnants des *Mémoires* avaient dû se dérouler. Il conclut en indiquant que S. révèle une précision rigoureuse dans ses descriptions de lieu.

Société Saint-Simon. Actes du Colloque international Saint-Simon et son temps (Paris, Collège de France, 11–12 avril 1975). Cahiers Saint-Simon, no. 3, 1975. 111 p.

Onze communications toutes très intéressantes, dont les plus remarquables sont les suivantes: R. Mousnier: *Saint-Simon et les équilibres sociaux*, R. Shackleton: *Saint-Simon et Montesquieu*, C. Rosso: *Saint-Simon moraliste*, et Y. Coirault: *Saint-Simon et Balthazar Gracián*.

Comptes rendus: M. Cermakion dans RHL 78: 638–639, 1978; A. Pecchioli Temperani dans SF 20: 617–618, 1976.

Tadié, Jean-Yves. Préface et morale de Saint-Simon. NRF 104: 350–354, 1961.

Article suggestif qui compare l'œuvre achevée de S. avec ce qu'il s'était proposé d'accomplir dans la préface des *Mémoires*. «La préface veut tout expliquer; mais à la fin de l'œuvre, il n'y a plus ni cause ni effet; le mal n'explique pas tout mais il envahit tout...» (p. 354).

Van der Cruysse, Dirk. Le portrait dans les Mémoires du duc de Saint-Simon. Nizet, 1971. xii–446 p.

Étude quantitative de la place du portrait dans les *Mémoires*. Recherches importantes mais présentées d'une manière quelque peu diffuse. Après une discusssion du rapport théorique entre le portrait peint et le portrait littéraire au 17e siècle, l'auteur analyse la fonction du portrait dans l'économie formelle de l'œuvre et les structures des diverses espèces de portrait. Ce faisant, il établit une distinction contestable entre le portrait physique et le portrait moral. Un dernier chapitre sur l'objectivité de S. n'apporte rien de nouveau. Le volume comporte une utile *Liste des portraits rédigés du vivant du modèle* et une bibliographie excellente.

Comptes rendus: H. Himelfarb dans DHS 5: 481–482, 1973, et dans RHL 73: 1070–1073, 1973; B.L.O. Richter dans PQ 52: 576–577, 1973; F. Simone dans SF 16: 480, 1972; M. Wallas dans FS 28: 454–455, 1974.

Note

(1)   L'auteur tient à exprimer sa gratitude au professeur Suzanne Hélein-Koss pour son aide précieuse.

Table des matières

volume 1:
Wolfgang Leiner (éd.), Onze études sur l'image de la femme dans la littérature française du dix-septième siècle

volume 2:
Yvonne Bellenger, Le jour dans la poésie française au temps de la renaissance

volume 3:
Horst Baader (éd.), Onze études sur l'esprit de la satire

volume 4:
Keith L. Walker, La cohésion poétique de l'œuvre césairienne

volume 5:
Bernd Rathmann, Der Einfluß Boileaus auf die Rezeption der Lyrik des frühen 17. Jahrhunderts in Frankreich

volume 6:
Yves Giraud (éd.), La vie théâtrale dans les provinces du Midi (Actes du Colloque de Grasse, 1976)

volume 7:
Gisèle Mathieu-Castellani (éd.), La Métamorphose dans la poésie baroque, française et anglaise (Actes du Colloque International de Valenciennes, 1979)

volume 8:
Jacques Truchet, Recherches de thématique théâtrale: l'exemple des conseillers des rois dans la tragédie classique

volumes à paraître:
volume 10:
Jacqueline Leiner, Imaginaire, Langage et Identité culturelle

volume 11:
Christian Wentzlaff-Eggebert (éd.), Dix études sur le dialogue

volume 12:
Sue Carrell, Le Soliloque de la passion féminine, ou le dialogue illusoire: étude d'une formule monophonique de la littérature épistolaire

volume 13:
Claire Gaudiani, The Cabaret Poetry of Théophile de Viau: Texts and Traditions

ISBN 3-87808-888-4